Margot Käßmann (Hg.)
Starke Sätze

Margot Käßmann (Hg.)

Starke
SÄTZE

edition chrismon

INHALT

Inhalt
INHALT
INHALT
Inhalt
INHALT
Inhalt
INHALT
Inhalt

INHALT

Inhalt
INHALT
INHALT
Inhalt
Inhalt
INHALT

VORWORT

*Z*um Reformationstag 2012 hat die Evangelische Kirche in Deutschland *chrismon spezial*, ein Sonderheft des Magazins *chrismon*, in einer Auflagenhöhe von 6,7 Millionen Exemplaren herausgegeben. Auf dem Titel war der Mönch Martin Luther als Karikatur zu sehen – beim Anschlag seiner Thesen wider die Ablasspraxis seiner Zeit. Ob das historisch so stattgefunden hat, ist heute umstritten, aber diese Situation hat sich als Legende für viele tief ins Gedächtnis gebrannt.

In jenem *chrismon spezial* habe ich im Editorial geschrieben, wie sehr einzelne Sätze unser Leben prägen können. Große Wirkung hat beispielsweise der Martin Luther zugeschriebene Satz »Ich stehe hier, ich kann nicht anders. Gott helfe mir. Amen« entfaltet. Wörtlich hat ihn der Reformator wohl nie so gesagt, aber schon als er auf der Wartburg weilte, so der Historiker Heinz Schilling[1] in seiner 2012 erschienenen Lutherbiografie, spitzten die Lektoren seine Rede auf dem Reichstag auf geniale Weise zu. Auf jeden Fall hat jener Satz die Haltung Luthers legendär werden lassen.

Für mich persönlich wurde bei meinem Rücktritt vom Amt der Ratsvorsitzenden der EKD und als

---

1 Vgl. Heinz Schilling, Martin Luther, Rebell in einer Zeit des Umbruchs, München 2012, S. 223.

Landesbischöfin der hannoverschen Landeskirche ein Liedvers von Arno Pötzsch bedeutsam: »Du kannst nie tiefer fallen als in Gottes Hand.« Kurz zuvor hatte ich ihn in einer Ansprache zitiert, weil er mir so eindrücklich erschien. Und plötzlich leuchtete er mir in eine völlig unerwartete Situation der Sprachlosigkeit hinein und gab mir Ausdrucksmöglichkeit und Kraft. Viele konnten das offenbar nachvollziehen, so manche haben ihn für ihre eigene Lebenssituation übernehmen können.

Aus diesem Zusammenhang heraus haben wir in jenem *chrismon spezial* Leserinnen und Leser aufgefordert, uns Sätze zu übermitteln, die ihnen im Leben etwas bedeutet oder die ihnen Kraft gegeben haben. Die Resonanz war überwältigend. Über 4000 Zuschriften gab es per E-Mail oder Post. Constanze Grimm danke ich sehr, dass sie daraus etwa 650 ausgewählt hat, die ich sichten konnte. Mir ist die Auswahl sehr schwer geworden. Es gibt so viele faszinierende Sätze, anrührende Geschichten, bewegende Lebenserfahrungen, die sich in den »starken Sätzen« spiegeln! Es zeigt sich, dass solche Sätze sehr unterschiedlich in unserem Leben aufleuchten. Entweder werden sie tradiert aus der Kindheit, durch Eltern, Großeltern, Lehrerinnen und Lehrer. Oder sie sind uns begegnet, haben sich tief festgesetzt und scheinen wieder auf, wenn wir sie brauchen. Schließlich ist es auch eine Erfahrung, die viele mitteilen, dass sie plötzlich ein Satz trifft, bei der Lektüre eines Buches, beim Blick auf die Losung, beim Radiohören – und da wird klar: Dieser Satz ist jetzt für mich bedeutungsvoll.

Aber es gibt natürlich auch negative Sätze, die uns prägen. Die müssen abgearbeitet werden durch Erfahrung, Reflexion, Erkenntnis und Gegenwehr.

Im Folgenden sind 213 Sätze aufbereitet in neun Kapiteln. Sehr gerne hätten wir mehr aufgenommen! Aber auch so hoffe ich, die Lektüre regt an, die Geschichten anderer wahrzunehmen und zu sehen, wie viel Weisheit und Lebenserfahrung andere für uns bereithalten, und so auch den eigenen Satz zu finden.

Elke Rutzenhöfer als Programmleiterin der *edition chrismon* danke ich für die Idee zu diesem Buch, die wir beim gemeinsamen Joggen entwickelt haben, sowie für die Begleitung der Umsetzung.

Allen, die ihre Sätze beigetragen haben, danke ich für die Zustimmung zur Veröffentlichung. Und alle Lesenden werden hoffentlich Gewinn aus der Lektüre ziehen – für mich war es eine sehr anrührende Begegnung mit der Lebenserfahrung anderer.

MARGOT KÄSSMANN, Juni 2013

Biblische
WEISUG

Biblische
WEISUNG
WEISUNG
WEISUNG
Biblische
WEISUNG
Biblische

BIBLISCHE
Weisung
BIBLISCHE
Weisung

BIBLISCHE
WEISUNG
BIBLISCHE

*E*s gibt biblische Verse, die gehen uns nach, begleiten uns ein Leben lang, oder gewinnen plötzlich an Bedeutung. Das kann ein Konfirmationsspruch sein, ein Trauspruch, eine Tageslosung. Natürlich sollen wir die biblischen Einsichten nicht stückeln in einzelne Verse, der Kontext insgesamt ist zu sehen. Aber dass manche Verse eine Weisheit in sich tragen, die durch die Jahrhunderte hindurch, quer zu allen Kulturen und rund um den Globus in den unterschiedlichsten Ländern plausibel, hilfreich, weiterführend ist, das fasziniert mich immer wieder. Manches Mal, wenn uns selbst die Worte fehlen, sind es die Worte anderer, die uns weitertragen. Das scheint mir die Erfahrung zu sein, die Menschen im Folgenden schildern.

An den ersten Vers, der zitiert wird, erinnere ich mich gut als Ausspruch meiner Großmutter: »Lass die Sonne nicht über deinem Zorn untergehen.« Dass er aus dem Brief an die Epheser stammt, den vielleicht der Apostel Paulus geschrieben hat, habe ich erst viel später erfahren. Aber die Weisheit in diesen Worten habe ich verstanden: Versuche, dich zu versöhnen! Es tut der Seele nicht gut, im Streit auseinanderzugehen. Finde Frieden mit dem, was dich so zerreißt!

» Lasst die Sonne nicht über EUREM ZORN untergehen. «

Der Satz, der mich durch 48 Ehejahre begleitet hat, stammt aus Epheser 4,26. Was immer sich im Laufe eines Tages zwischen uns gestellt haben mochte – vor dem Einschlafen wurde es bereinigt.

ANONYM

» Denn du bist meine Zuversicht, ein STARKER TURM vor meinen Feinden. «

Im Jahre 2009 unternahmen meine Frau und ich eine abenteuerliche Reise auf unserem Tandem: quer durch die USA vom Atlantik bis zum Pazifik (7215 km). Zu Beginn der Reise hatten wir in einem Anhänger Campingausrüstung dabei, die sich aber alsbald als viel zu schwer und umständlich erwies, sodass wir uns – schweren Herzens – von dieser wichtigen Ausrüstung trennen mussten. Fortan waren wir auf feste Unterkünfte angewiesen, was besonders in den dünn besiedelten Gebieten von Kansas, Colorado, Wyoming und Montana zu Schwierigkeiten hätte führen können; waren wir doch jetzt gezwungen, Distanzen von bis zu 120 km und mehr am Tag zurückzulegen, und das häufig bei Gegenwind und Temperaturen von bis zu 39 Grad, um die nächstgelegene solide »Herberge« zu erreichen. Von den wenigen

Autos, die uns auf diesen einsamen Strecken begegneten, hielten fast alle an, weil sich die Insassen nach unserem Befinden erkundigen wollten; und immer war die Frage: Habt ihr denn keine Angst? Vor Banditen, Bären, Tornados oder anderen Widrigkeiten? Unsere Antwort: »Nein – wir haben keine Angst!« Und tatsächlich: Wir hatten keine Angst. Es war der Vers 4 aus Psalm 61 – »Denn du bist meine Zuversicht, ein starker Turm vor meinen Feinden« –, der uns irgendwie auf einen Gott vertrauen ließ und uns stark machte. Es war dieses Vertrauen, das uns auch in brenzligen Situationen, die es durchaus gab, Kraft, Halt und Sicherheit bot. Dabei hat sich uns die Frage, ob dieser Gott nur als Bild existiert oder tatsächlich einer Wirklichkeit entspricht, nie gestellt. Wir haben uns einfach an »Ihm« festgemacht.

EGON UND URSULA WEISS, Maria Thalheim

» *Wer ein Kind ansieht, hat* GOTT AUF FRISCHER TAT *ertappt.* «

Das Zitat stammt von Martin Luther. Immer wenn ich ein kleines Kind anschaue, weiß ich: Gott liebt uns und hat uns wunderbar gemacht. Und dann denke ich daran, dass Jesus Kinder als Vorbild für den Glauben hinstellt (»Wenn ihr nicht werdet wie die Kinder, könnt ihr nicht ins Reich Gottes kommen«). Kinder sind voller Vertrauen; es geht ihnen gut, wenn die Eltern da sind; sie können sich auf Mama und Papa verlassen. Als Gottes Kind darf auch ich fest davon ausgehen, dass Gott für mich sorgt und es gut mit mir meint – egal, was passiert. Das gilt für alle meine Lebenssituationen. Gottes Liebe wird die Zeiten überdauern. Ich darf seine Hand fassen, im Vertrauen darauf, dass er mich durchs Leben führt. Dieses Wissen macht mich stark.

KLAUS-DIETER MÜLLER, Berlin

» *Ist jemand* **IN CHRISTUS,** *so ist er eine neue Kreatur; das Alte ist vergangen, siehe, Neues ist geworden.* «

In Bonn hörte ich diesen Kernsatz aus 2. Korinther 5,17 etwa zehn Jahre nach Kriegsende. Die Siegermächte hielten uns ständig die Verbrechen vor. Gleichzeitig wurde alles Amerikanische als das Moderne, Bessere angepriesen. Damals predigte Professor Gollwitzer über den Kernsatz. Seine Eröffnung: »Wir Christen überholen die Moderne.« Modernes veraltet. Aber mit Christus beginnt die neue Schöpfung, die nicht veraltet. Die Hörer haben fasziniert mitgedacht. Wieso Christus? Und was bedeutet es, »in Christus« zu sein? Ich begriff, dass ich durch das Geschenk des Geistes Christi nicht mehr gefesselt bin an die deutsche Geschichte, auch nicht an mich selbst, und dass ich auch nicht hinter allem Neuen herhecheln muss. Sondern durch mein Vertrauen zu ihm, seinem Geist, bin ich frei geworden für das Doppelgeschenk seiner Vergebung und seiner Liebe. Beide Kräfte, Vergebung und Respekt, darf ich an andere weiterschenken. Sie veralten nie.

HANS-JÜRGEN SCHÄFER, Oldenburg

> » *Nähme ich* **FLÜGEL DER MORGENRÖTE** *und bliebe am äußersten Meer, so würde auch dort deine Hand mich führen und deine Rechte mich halten.* «

Das ist doch eine wahrlich starke Hoffnung! Egal, wo auch immer ich mich befinde (für den Psalmisten aus Psalm 139 mit seinem damaligen Weltbild ist das äußerste Meer gleichbedeutend mit dem Ende der Welt), bin ich in Gottes Hand. Wunderbar! Tröstlich und verlässlich!

CHRISTIANE LINDEN, Lüdenscheid

> » *Man muss* **GOTT MEHR GEHORCHEN** *als den Menschen.* «

Dieser Spruch aus der Apostelgeschichte 5, 29 war Jahreslosung zur »Blüm-Ära«, dem Jahr der Einführung der Pflegemodule. Ich arbeite in der Altenarbeit und bin damals mit auf die Straße gegangen, um einen Akzent gegen die Einführung der Pflegemodule

15

zu setzen, ich muss nicht erläutern, was heutzutage Altenarbeit bedeutet, Pflegenotstand und dergleichen sind tägliche Zeitungsthemen. Aber der Jahresspruch von damals hat mich bis heute derart gestärkt, bestärkt, unterstützt und begleitet, sodass ich mich immer noch mit ganzer Seele motiviert und aktiv für die Altenarbeit einsetze und engagiere.

REINHILD HEYDASCH, Waltrop

» Ihr seid ZUR FREIHEIT BERUFEN, und durch die Liebe diene einer dem andern. «

Dieser Satz ist mein Konfirmationsspruch, er steht in Galater 5, 13 a + c. Pastor Günter Twardella gab ihn mir am 6. Mai 1973 in der evangelisch-reformierten Kirche Wuppertal-Ronsdorf als Begleiter mit auf den Lebensweg. Das ist nun fast 40 Jahre her. Der Satz war und ist irgendwie immer da, mal im Hintergrund, häufig aber entscheidend wichtig. In all den Jahren habe ich erlebt – und dies gerade in Krisenzeiten und in Phasen des Zweifels –, dass innere Freiheit und Unabhängigkeit die Kraft geben zur Entscheidung für ein »Dienen in Liebe«. Und oft habe ich erfahren, dass dieses Dienen im Großen wie im Kleinen Flügel verleihen kann – und gerade so wieder die Freiheit und Liebe schenkt und freisetzt, die ihren Grund in Jesus Christus hat.

ULRIKE GRÜNROCK-KERN, Bremen

» *Wir haben einen Gott, der da hilft, und den Herrn, der* VOM TODE ERRETTET.«

Dies ist mein Konfirmationsspruch, der mich oft durch Leiden geführt hat. Er steht in Psalm 68,21. Meine Krankheit Epilepsie hat mir seit meiner Jugend, vor etwas mehr als 20 Jahren nach meiner Konfirmation, schon viele Träume zerstört. Ich bin seitdem auf Medikamente angewiesen und beruflich stark eingeschränkt. Zudem ist Epilepsie bei einigen Menschen mit großen Vorurteilen verbunden. Das macht das Leben mit ihr nicht leichter. Der Vers trägt mich immer wieder durch mein Leben, wenn ich am Ende meiner Kräfte bin, wenn ich die Tiefpunkte in meinem Leben erreiche. Ich kann heute erkennen, dass mir mein starker Satz zur rechten Zeit die richtigen Menschen zur Seite gestellt hat und dass er auf wunderbare Weise eine Tür geöffnet hat, die nicht vorhanden schien.

LARS BROERS, Filsum

» *Du stellst meine Füße* AUF WEITEN RAUM!«

Er war plötzlich da, dieser Satz aus Psalm 31. Und wieder da. Und nochmal. Wurde zum starken Satz. Zum stärkenden. Zum bleibenden. Er wurde zum Trauspruch unserer Eheschließung. So (genau so) lebten wir miteinander und wollten wir miteinander leben. Auf oder in einem weiten Raum. Mit großer Offenheit. Mit großem Vertrauen. Mit weitem Raum für jeden von uns. Mit Möglichkeiten des Gehens, sich Entwickelns. Unterwegs sein. Die Ehe ist gescheitert – gar nicht lange nach diesem, unserem Satz. Geblieben ist der Satz. Und die Zuversicht, dass dieser Raum bleibt. Groß, offen. Ich kann vorwärts gehen. Mit Blick in die Weite. Gott an der Seite.

NADINE BIERE, Hannover

» FÜRCHTE DICH NICHT, *denn ich habe dich erlöst, ich habe dich bei deinem Namen gerufen; du bist mein!*«

Dieses Bibelwort – es steht in Jesaja 43,1 – ist mein Konfirmationsspruch. Lange Zeit war er ohne besonders existenzielle Bedeutung, bis ich mich öffentlich zu meiner Homosexualität bekannte und daraufhin in den Fokus vieler Menschen und Meinungen kam. Als Geistlicher war mir das wohl bewusst, ich hatte aber nicht geahnt, dass mich die folgenden Auseinandersetzungen damit in vielerlei Weise bis an meine Grenzen bringen würden. Und in solch einer sehr dunklen Stunde fiel mir der eingerahmte Spruch ins Auge, so oft gesehen – aber jetzt zum ersten Mal wirkte er auf mich, »sprach« zu mir. Was für Worte: »Fürchte dich nicht« und »du bist mein«. Da war kein Weg, keine plötzliche Lösung, aber ein Licht! Und so habe ich versucht, weniger der Angst und der Verzweiflung zu trauen als dem Zuspruch Gottes. Es war trotzdem nicht leicht und an schweren Stunden und Verzweiflung hat es nicht gemangelt, aber ich habe gelernt, dass es sich lohnt, mutig zu sein und sich nicht von der fehlenden oder entzogenen Anerkennung anderer abhängig zu machen. Nie werde ich diese Sternstunde vergessen.

STEFFEN POOS, Nieder-Moos

» Darum sorgt nicht für morgen, denn der MORGIGE TAG wird für das Seine sorgen. «

Immer wenn ich Stress habe und das Gefühl, dass ich die Kontrolle verliere, dann denke ich an diesen Satz in Matthäus 6,34 aus dem Gleichnis vom »Schätze sammeln und Sorgen«. Dann kann ich gleich alles viel gelassener nehmen, denn ich weiß, alles ist gut so, wie es ist – und ich darf vertrauen auf Gott.

ELISABETH NEUHAUS, Bonn

» DEIN REICH komme … «

Ich stehe vor dem Spiegel, um meine Reflexionen zu sehen, und bete mein allabendliches Vaterunser. Der Passus »Dein Reich komme« weckt alte Ängste

– ich bin 1941 geboren –, gibt mir aber gleichzeitig Hoffnung und Zuversicht. Ich weiß, dass »Sein Reich« das Ende der Welt bedeuten würde, wie wir sie kennen. Aber ich weiß auch, dass dieses »Sein Reich« nur durch uns kommen kann. Das ist mein Glaube und meine Zuversicht!

H. L.

» Ein Mensch sieht, was vor Augen ist; der Herr aber sieht DAS HERZ an. «

Diese Bibelstelle aus 1. Samuel 16,7 ist mein Tauf-, mein Konfirmations- und mein Hochzeitsspruch. Von der Richtigkeit dieses Satzes konnte ich mich schon zigmal überzeugen.

GERHARD NIEMEYER, Oberhausen

» Mit meinem Gott kann ich ÜBER MAUERN springen. «

In den 80er Jahren, noch zu DDR-Zeiten, durfte ich meinen Onkel in West-Berlin zum Geburtstag besuchen. Eine Gelegenheit, wenigstens West-Berlin einmal zu sehen! Doch schon beim Eintreffen merkte ich: So recht passte es nicht. Was wollte der Neffe aus dem Osten? Dann kam ein Anruf von unserer Partnergemeinde aus Ludwigshafen. Ein Flugticket läge bereit. Es folgten fünf Tage voller Herzlichkeit, voller schöner, ungewohnter Eindrücke – und eine Sondersitzung des Gemeindevorstands. Zu Beginn meiner kurzen Vorstellung schlug ich das Losungsbuch auf und las den Spruch aus Psalm 18,30 für meinen Abreisetag nach West-Berlin:»Mit meinem Gott kann ich über Mauern springen.« Das Eis war gebrochen. Noch heute gibt es viele Freundschaften mit Christen in der Erlöserkirchengemeinde. Auch darum bin ich damals wieder in die DDR zurückgeflogen: Mit meinem Gott kann ich über Mauern springen. Immer wieder und überall, in Ost und West, auf der ganzen Welt.

MICHAEL ROMAHN, Oranienbaum-Wörlitz

»Wenn ich dich anrufe, so erhörst du mich und gibst meiner SEELE große Kraft.«

In einer schweren depressiven Lebensphase habe ich meinen starken Satz aus Psalm 138,3 in die Tat umgesetzt. Und siehe da, eines Tages wurde es wieder hell in meinem Leben! Fazit: Es ist mir klar geworden, dass es nicht selbstverständlich ist, dass es mir gut geht. Inzwischen lebe ich viel bewusster und danke für schöne Momente, für liebe Menschen um mich herum und für den Schutzengel, der mich auf meinen Wegen begleitet.

CLAUDIA DICKE, Stuttgart

» Gott ist die Liebe und wer in der **LIEBE** bleibt, der bleibt in Gott und Gott in ihm. «

Schon als Teenager habe ich bei der Suche nach meiner Beziehung zu Gott gemerkt, dass ich der (katholischen) Kirche eher kritisch gegenüberstehe, und mich gefragt, ob ich die Instanz Kirche überhaupt brauche, um Gott nah zu sein. Eine Antwort habe ich bis heute nicht, aber mit meinem Satz aus 1. Johannes 4 habe ich für mich einen Weg gefunden, mich zu Gott zu bekennen. Ich versuche als Ehefrau, als Freundin, als Kollegin und generell mit Liebe Menschen und Tieren zu begegnen, sie so zu behandeln, wie ich selbst behandelt werden möchte. Mit dieser Lebensweise ist Gott ein Teil von mir und diese Gewissheit lässt mich auch in schwierigen Zeiten neue Kraft finden: Ich vertraue auf die Liebe und somit auf Gott.

NICOLE BERSON, Goch

» Du umschließt mich von allen Seiten und legst **DEINE HAND** auf mich. «

An einem Besinnungstag haben wir über diesen Vers 5 in Psalm 139 nachgedacht. Seitdem überkommt mich ein unsagbar warmes Gefühl, wenn ich diesen Vers höre oder lese, so als würde mich jemand mit einer warmen Kuscheldecke zudecken.

GABRIELE SCHAIDER

> *Vertraue auf den Herrn und tue Gutes, wohne im Land und hüte Treue und habe deine Lust am Herrn,* **SO WIRD ER DIR GEBEN,** *was dein Herz begehrt.* «

Der ganz schön fromme, lange Satz aus Psalm 37 zieht sich seit meinem 15. Lebensjahr (ich hatte furchtbar Liebeskummer!) wie ein roter Faden durch mein Leben. Ob Liebe, Wohnungssuche oder andere Sorgen: Immer wieder kann ich mich an diesem Psalmwort festhalten. Oft habe ich auch schon mit Gott gehadert, habe ich genug »Lust« an Ihm? Fehlt mir deswegen das Eine oder Andere? Oder brauche ich das gar nicht? Dieser Satz ist Aufgabe, Stolperstein und Geschenk in einem. Manchmal auch Überraschung. Ein Herzenswunsch waren Kinder: Ich hab sie gleich im Doppelpack bekommen. Und egal, welche Krise kommt: Ich weiß, ich bin nicht allein. Es gibt Einen, der mich durch und durch kennt und liebt. Das macht stark!

BRITT-KERSTIN SCHMITT

> *Denn er hat seinen Engeln befohlen über dir, dass* **SIE DICH BEHÜTEN** *auf allen deinen Wegen.* «

Meine Großeltern aus Ingersleben bei Erfurt durften 1964 zu meiner Konfirmation in Unna/Westfalen nicht aus der DDR ausreisen. Sie wählten aber meinen Konfirmationsspruch, Psalm 91,11, aus. Als

23

dieser dann in der Kirche verlesen wurde, fühlte ich mich mit ihnen stark verbunden. Dieser Spruch war mir Trost und Stütze in meinem Leben. Bei der Taufe meiner Enkelin 2009 habe ich ihn im Kirchenchor in der Vertonung von Felix Mendelssohn-Bartholdy gesungen. Ich habe als Kind die Großeltern oft besucht und im Zug die Angst vor den Grenzkontrollen und Repressalien miterlebt. In der kleinen Kirche von Ingersleben durfte ich dann auch mal die Glocken von Hand läuten. Ich bin den Menschen in der früheren DDR, die die Wiedervereinigung durch ihre betende, Friedliche Revolution ermöglicht haben, von Herzen dankbar.

GUDRUN CHRISTIANI, Seligenstadt

» Wenn jemand nicht von oben her GEBOREN WIRD, so kann er das Reich Gottes nicht schauen. «

Mehrfache Großmutter bin ich, gehe langsam auf die 70 Jahre zu. Und nun muss ich erleben, wie Stück für Stück mein Leib den Dienst versagt, ja, mir fremd wird. Augen und Ohren geben die Außenwelt nur noch teilweise wieder, meine Bewegungen und Gedanken entgleiten. Das macht Angst. Und doch, in all diesem Abbau mache ich eine neue Erfahrung: Ich kann nämlich teilweise ersetzen, was äußerlich versagt, und ich erlebe innerlich sogar eine Erweiterung meiner Wahrnehmung. Das geht soweit, dass ich immer noch im Dunklen meinen Weg finde, obwohl ich meine Bewegungen mit den Augen steuern muss. Und ich habe mich neulich auf so einem einsamen Weg im Dunklen gefragt, welche Kraft mir hilft, auf diesem Weg zu bleiben. Ich möchte es beschreiben als »innere Wärme«. Und die Erde unter meinen Füßen kommt mir dann entgegen. »Vertrauenskraft« möchte ich es nennen. Das macht mir Mut – und darin übe ich mich. Ich suche bewusst Situationen auf, die mir Mut und Überwindung abverlangen. So lebe ich als neuer Mensch. Ich habe ein neues Verhältnis zu mir selbst und zu den Menschen in meiner Umgebung, die mir das spiegeln. Schon länger lebe ich deshalb mit diesem Wort aus Johannes 3, 3: »Wenn jemand nicht von oben her geboren wird, so kann er das Reich Gottes nicht schauen.«

MARGARETE BURKHARDT, Herdecke

KINDHEIT
KINDHEIT
KINDHEIT
Kindheit
KINDHEIT
KINDHEIT
KINDHEIT
KINDHEIT
KINDHEIT
KINDHEIT
KINDHEIT
KINDHEIT
Kindheit
Kindheit

*E*rlebnisse der Kindheit sind ebenso prägend wie Worte, die uns aus der Kindheit mit auf den Weg gegeben wurden.

Aus allen drei Bereichen sind im Folgenden Sätze zu finden. Besonders anrührend waren für mich bei der Lektüre die vielen Erinnerungen an Krieg, Flucht und Vertreibung. Sie haben eine ganze Generation geprägt, sie aber auch ausgestattet mit der Hoffnung, dass schwere Erlebnisse nicht das Ende sein müssen, sondern wir durchhalten können und neue Wege finden. Solche Geschichten können Menschen stärken. Oft finden wir sie ja auch in der Bibel, etwa in der Josephsgeschichte oder auch in Märchen: Die handelnden Personen erleben Schweres, stehen vor enormen Herausforderungen, aber am Ende können sie neu anfangen. Wie wichtig, wie lebensbestärkend ist es, diese Geschichten zu erzählen.

Mütter, Väter und Großeltern werden in diesem Kapitel besonders erinnert. Eine Vielzahl (groß-)elterlicher Weisheit fand sich in den Zuschriften. Sie können ermutigen, unseren Kindern und Enkeln unsere Lebenserfahrung mitzugeben und so einen Dialog über die Generationen hinweg zu eröffnen. Dass es in der Tat ein Dialog ist, zeigen die überraschend neuen Sichtweisen, die das Leben mit Kindern für Erwachsene mit sich bringen.

» Wenn Gott eine Tür zuschlägt, dann öffnet er ein FENSTER. «

Ich habe in meinen 75 Lebensjahren viele Schicksalsschläge einstecken müssen. Als ich sieben Jahre alt war, flohen meine Mutter und wir vier Kinder aus unserer schlesischen Heimatstadt. Wir haben schlimmes Kriegsgeschehen überlebt, und unser Vater kam Weihnachten 1947 aus der Gefangenschaft heim. 1990 erhielt ich die Diagnose Brustkrebs mit Amputation der Brust. Bis heute bin ich krebsfrei, aber damals erlitt ich viele Hörstürze. Ich musste meine berufliche Tätigkeit aufgeben und innerhalb von zehn Jahren bin ich ertaubt. Rettung brachte eine Operation 2002 – und seither kann ich wieder hören, wenn auch mit Einschränkungen. Der Glaube an Gottes Liebe und Erbarmen hat mich stark gemacht.

UTE KÜCHENMEISTER, Chemnitz

» Auf FALSCHEM WEG ist es gut, rechtzeitig umzukehren. «

Nach dem Angriff auf Köln brachte mich mein Vater in Sicherheit: zu meiner Tante in einem kleinen Dorf in der Nähe der Ostsee. Es waren wunderschöne Ferien, aber ich vermisste meine Freundinnen von der Schule, das Elternhaus, die vertraute Umgebung. Es wurde Herbst – und die Bäume verloren ihre Blätter und ich meine Fröhlichkeit. Ich beschloss, mich einfach auf den Weg zu machen, die Bahnschienen entlang. Ich wollte nach Hause, meine Mutter würde Augen machen. Doch als es dunkel wurde, merkte ich, dass ich es nicht schaffen würde – und kehrte um. Mein Onkel war wütend und schickte mich ohne Abendessen ins Bett. Meine Tante kam später zu mir und stellte mir Milch und ein Schinkenbrot auf den Tisch. Sie sagte: »Du wirst in deinem Leben noch oft den falschen Weg gehen. Es ist gut, wenn man rechtzeitig umkehrt.«

HANNA SCHULZE

» Es gibt **IMMER** einen Weg. «

1946 kam mein Vater, Otto Kuncke, aus Nowosibirsk zurück nach Marburg/Lahn. Er wog bei einer Größe von 1,70 Meter noch 46 Kilo. Eine russische Ärztin hatte ihn aus Mitleid nach Hause geschickt. Die Feldpost mit getrockneten Blüten aus Sibirien ist in meinem Besitz. Die Briefe zeugen von unerschütterlichem Glauben, dass er seine Frau und seine Tochter – meine Schwester – wiedersehen würde. Und er hat mir ein Lebensmotto geschenkt: »Setz dich immer für Frieden und Toleranz ein! An welcher Stelle im Leben du auch stehst, es gibt immer einen Weg, auch wenn er mit großen Steinen versperrt scheint.« Als ich einmal sehr krank war, hat mir dieser Satz immer wieder Kraft und Halt gegeben. Nach einer Reise nach Sibirien ist die Hochachtung vor meinem Vater und einer ganzen Generation auf der Welt stark gewachsen.

DAGMA KUNCKE, Waldeck OT Sachsenhausen

»In der Welt habt ihr ANGST, aber seid getrost, ich habe die Welt überwunden.«

Mein starker Satz steht in Johannes 16,33. Ich bin 70 Jahre alt, ein Flüchtling aus Schlesien, als Waise aufgewachsen, habe Grausiges erlebt, keine Wurzeln – und die Angst nie ganz abgelegt. Ich brauche etwas zum Festhalten. Der Glaube ist zu mir herangeflogen. Es war ein Wunder.

INGRID FISCHER, Leingarten

»Das UNMÖGLICHE ist oftmals das, was nie versucht wurde.«

Mein starker Satz ist der von Jim Goodwin. Unsere Tochter war in die Schule gekommen. Der Schulweg musste eingeübt werden, besonders schärfte ich ihr ein, den Gehweg nicht zu verlassen. Grundschule und Berufsschule lagen in der gleichen engen Straße; auch die Gehwege waren schmal. Eines Tages kam unsere Tochter schnell mit der Begründung zurück: »Ich hab nicht weitergehen können, weil so viele Menschen auf dem Gehweg waren.« Sofort ging ich mit ihr zurück, erklärte der Lehrerin die Situation, fragte dabei, ob man die Berufsschüler, die während ihrer Pause die Gehwege blockierten, nicht auf ihren Schulhof verweisen könne. »Damit werden Sie keinen Erfolg haben, das ist unmöglich!« Dies ließ ich nicht gelten. Am nächsten Tag ging ich zum Rektor der Berufsschule und wieder am nächsten Tag waren die Gehwege frei! Dieses kleine Erlebnis – es liegt 40 Jahre zurück – war wegweisend für mein ganzes Leben.

LILO ZEININGER, Stuttgart

» *Et hät noch immer* JOT JEJANGE. «

Meine Mutter ist im Rheinland aufgewachsen. Wir Brüder sind in Celle unter widrigsten Umständen großgeworden. Mutter hat oft in rheinischem Platt davon erzählt, dass sie beinahe Schauspielerin geworden wäre. Sonst hat sie uns nie spüren lassen, dass wir arm waren und sie mancher Mark nachgetrauert hat, die unser Vater in die Kneipe trug. Sie war streng, herzlich und hat alles darüber gewusst, wie man aus Nichts leckere Gerichte kocht. So manchen Engpass und wohl manche Verzweiflung hat sie überwunden. Nur manchmal hat sie »et is, wie et is« geseufzt – und wenn sie uns lächelnd ansah »et hät noch immer jot jejange« ergänzt. Trost und Mut hat sie aus ihrem Glauben geschöpft. Heute als Vater ahne ich, was sie durchgemacht hat. An ihrem Grab – trauernd und von Schicksalsschlägen bedrückt – habe ich sie im Geiste gesehen und »wie isset, Jong?« fragen gehört. Wieder zuversichtlich habe ich ihr »et is, wie et is« geantwortet und lächelnd »et hät noch immer jot jejange« angefügt.

KARL-HEINZ FÖSTE, Siek

» Love it, leave it, or CHANGE it. «

Meine Mutter hat mir diesen starken Satz früher ab und an entgegengeschmettert, wenn ich mich wieder über etwas geärgert habe. Zwar in englischer Sprache, aber nicht weniger richtig, hilft er mir bis heute.

TOBIAS BADER, Düsseldorf

» Es gibt SCHLIMMERES. «

Diesen Satz hat meine damals fünfjährige Tochter Sissy geprägt, als sie sich auf dem Spielplatz einen Armbruch zuzog. Der geplante und vor allem geliebte Campingurlaub musste natürlich auch ins Wasser fallen. Aber mit diesem Satz wurde es trotzdem eine schöne Zeit. Und aktuell hilft er mir auch sehr durch die anstrengende Chemotherapie.

URSULA ZELLER, Freising

» GLÜCKLICH IST, *wer vergisst,* *was nicht mehr zu ändern ist!*«

Dieses Zitat aus »Der Fledermaus« kenne ich von klein auf von meiner Mutter. Es hat mir schon oft im Leben geholfen, die Vergangenheit loszulassen und mich der Gegenwart oder der Zukunft zuzuwenden. Die Worte machen es auf so leichte Art und Weise deutlich, dass das Nachgrübeln und das »ach, hätte ich doch nur…« völlig überflüssig und unnütz sind. Heute hilft mir dieses Zitat in meinem Beruf als Scheidungsanwältin, wenn die Frauen oder Männer, die vor mir sitzen, darüber klagen, dass sie den oder die andere geheiratet haben – und dass sicher alles besser gelaufen wäre, wenn sie es nicht getan hätten.

ANNEDORE REICH-BRINKMANN, Wipperfürth

» *Martin, höre auf zu* TRÄUMEN. «

Dieser Satz machte mich zu dem, was ich heute bin. Diese Äußerung stammt von meinem einstigen Englischlehrer. Damals war ich in der achten Klasse. Mitten in der Pubertät. Meine Eltern ließen sich scheiden. Diese Lebenssituation machte sich an meinen Noten bemerkbar. Dennoch setzte ich mir schon damals hohe Ziele. Der genannte Pädagoge störte sich offensichtlich an meinem Optimismus. Er nannte mich vor meinen Mitschülern »realitätsfremd«. Meine Gedanken seien illusorisch, sagte er – und ich nahm mir seine Worte zu Herzen. Es dauerte nicht lang, da fiel ich in ein tiefes Loch. Ganz unten angekommen, stieß ich auf ein Zitat von Mark Twain: »Trenne dich nicht von deinen Illusionen. Wenn sie verschwunden sind, wirst du weiter existieren, aber aufgehört haben zu leben.« Mit dieser Erkenntnis begann ich für all meine Ziele zu kämpfen. Mit Erfolg. Heute kann ich mit Stolz sagen, dass ich viele meiner Lebensträume verwirklicht habe und ich stets daran arbeite, weitere zu verwirklichen.

MARTIN PREUSKER, Prag

» So, wie man täglich seine HAARE KÄMMT, so sollte man auch sein Herz aufräumen. «

Der Satz erinnerte mich an meine damals an Demenz erkrankte und inzwischen verstorbene Mutter. Meine Mutter war eine liebe, umgängliche, auf Harmonie bedachte Person und stets bemüht, strittige Situationen zu bereinigen. Es gab aber Tage, an denen sie mir mehrmals dieselbe Frage stellte oder Geschichten wiederholte, was auf Dauer doch nervte, und ich wohl kurz und abweisend reagierte, teilweise auch ohne Worte, was sie sehr bedrückte. Trotz ihrer Krankheit schrieb sie mir einen Brief. Der zitierte starke Satz war dann der Anlass, diese Unstimmigkeit auf den Tisch zu bringen und zu bereinigen. In ähnlichen Situationen, sei es mit Sohn, Partner oder Familie, erinnere ich mich gern an den Spruch meiner Mutter und versuche, mich danach zu verhalten, ungeklärte Dinge anzupacken und umzusetzen, was mir auch schon gelungen ist!

SIGRID KRINK, Ahlten/Lehrte

»Geh MIT Gott!«

Das war der gewohnte Satz, mit dem mich meine Großmutter morgens auf den Schulweg schickte. Ich habe ihn als Junge oft als unnötig, ja als lästig empfunden, aber er klang noch in mir nach, als meine Großmutter nicht mehr da war. Mit der Zeit begann ich, die segnende Kraft in ihm zu spüren. Viel später verband ich eine biblische Tageslosung in 1. Chronik 22,16 mit dieser persönlichen Erinnerung: »So mache dich auf, und richte es aus; der Herr wird mit dir sein!« Der altgewordene König David gibt seinem Sohn Salomo den Auftrag weiter, Gott, dem Herrn, einen Tempel in Jerusalem zu bauen. Er selbst hatte mit diesem Auftrag gerungen, hatte ihn aber nicht ausführen können, fühlte sich vielleicht dazu auch nicht berechtigt. Was allerdings für den Tempelbau gebraucht würde – Geld, Materialien, Techniker und Arbeitskräfte –, das alles wurde zusammengebracht; jetzt kam es nur darauf an, dass Salomo einwilligte. Ein Selbstläufer würde das aber nicht: Er brauchte dazu die Ermutigung, »der Herr wird mit dir sein!« Auf mich übertragen: Alles ist mir im besten Sinn vorgegeben, und ich kann es nutzen. Und wenn mir überdies auch noch die Richtung zum Guten gezeigt wird, darf ich mich wohl »gesegnet« wissen. In den drei so persönlich erinnerten Worten »geh mit Gott« durchziehen dieses Wissen und die Hoffnung auf Erfüllung mein Leben.

CHRISTIAN HUBE, Wentorf bei Hamburg

» Es ist normal, VERSCHIEDEN zu sein. «

Dieser Satz von Richard von Weizsäcker stand auf einem Sticker, der schon immer auf der Heckscheibe unseres Autos klebte. Der Aufkleber faszinierte mich, bevor ich lesen konnte, und als ich die Buchstaben dann endlich aneinanderbasteln konnte, war ich verwirrt. Ich verstand nicht, was mir der Satz sagen sollte. In meiner Welt, der einer Sechsjährigen, gab es noch keine Normen dafür, wie Menschen zu sein haben. Ich wusste, dass meine Schwester anders ist als ich – aber war ich nicht auch anders als mein Bruder? Unsere Eltern haben uns den obigen Satz vorgelebt, ohne ihn jemals so ausgesprochen zu haben. Deshalb war es für mich damals unvorstellbar, dass es ein Problem sein könnte, verschieden zu sein. Als

Kind hielt ich den Satz für eine Feststellung. Heute weiß ich, dass der Satz eine Mahnung ist. Ich gebe zu, es ist komplizierter, wenn große Menschen, kleine Menschen, schweigsame Menschen, mutige Menschen, reizbare Menschen, fantasievolle Menschen, ungeduldige Menschen, Menschen mit Behinderung und Menschen ohne Behinderung miteinander leben. Aber es lohnt sich. Diese Aufkleber sollten dringend wieder gedruckt werden.

SUSANNE UNGER, Freiburg

» JEDER *macht es anders.* «

Es ist 25 Jahre her. Unsere Tochter war sehr krank und allein mit ihren beiden sieben- und vierjährigen Kindern. Wir Eltern sollten auf die beiden Kinder während ihres Krankenhausaufenthaltes und anschließender Therapiezeit aufpassen. Also zogen wir in ihre Wohnung zu unseren beiden Enkeln. Es wurden zwölf Wochen daraus. Am Anfang war es schwer für uns vier. Als ich unseren vierjährigen Enkel am ersten Morgen für den Kindergarten anziehen wollte, weinte er und meinte, seine Mutti mache das aber so, und hielt mir unter Tränen sein Ärmchen hin. In meiner Verzweiflung sagte ich zu ihm: »Jeder macht es anders.« Am nächsten Morgen hielt er mir das andere Ärmchen hin und sagte zu mir: »Nicht wahr, Oma, jeder macht es anders.« Von Stunde an hatte ich keine Probleme mit ihm. Wenn ich heute diese Begebenheit manchmal erzähle, steigen mir noch die Tränen in die Augen.

E. REICHELT, Berlin

»*Ach, und Kindchen, vergiss* DIE FREUDE *nicht!*«

Meine Omi lebte in ihrer kleinen Wohnung wie eine kleine Königin – ohne richtige Heizung, ohne Waschmaschine, ohne Fernseher, ohne Geschirrspüler, ohne Komfort. Wir gingen in den Zoo, in den Stadtpark und spielten stundenlang Karten. Sie war so wunderbar fröhlich. Trotz schrecklicher Kriegserlebnisse. Diesen Satz sagte sie mir zum Abschied.

ANGELIKA FRERICHS, Kisdorf

» TUE RECHT *und scheue niemand!*«

Zu meinem achten Geburtstag bekam ich ein Poesiealbum von meiner Mutter. Rot und in Leder gebunden. In diesem Jahr 1969 musste jeder, der unser Haus betrat, in mein Poesiealbum schreiben. Es standen schöne Sprüche darin: »Rutsche frohgelaunt und munter die Rutschbahn des Lebens hinunter!«; »Lebe lustig, lebe froh, wie der Mops im Haferstroh.« Auch andere Sprüche standen da, die ich aber nicht verstand – und außerdem klebte auf der freien Seite kein Bildchen. Die sah ich mir nicht oft an. 1982 starb plötzlich meine Mutter – und ich zog zum Studium nach Köln. Beim Umzug kam mir mein Poesiealbum in die Hände. Auf der ersten Seite, ohne Engelbildchen stand: »Tue recht und scheue niemand!« Ich war tief berührt von dieser Botschaft meiner Mutter zum Beginn meines Lebens außerhalb meiner Familie – und sie hat mich mein Leben lang begleitet.

PETRA TÜRK, Reichshof

» Lieber UNRECHT leiden als Unrecht tun. «

Jedes Jahr bin ich mit meinen Eltern zu meiner Tante in die damalige DDR gefahren, um den dortigen Teil meiner Familie zu besuchen. Meine Tante habe ich stets als liebe und arbeitsame Frau erlebt, die abends als Erste in ihrem Sessel im Wohnzimmer einschlief und mir auch später, als ich schon evangelische Theologie studierte, nie durch religiöses Reden auffiel. Umso überraschter war ich, aus ihrem Mund den obigen Satz zu hören. Der Hintergrund war, wie häufiger, eine unterschwellig bestehende »West-Ost-Spannung«, die auch vor der Familie nicht Halt machte und meist meine Mutter und sie betraf. Ich saß allein mit meiner Tante, als sie eines Abends aus ihrem ersten Schlummer im Sessel plötzlich erwachte und sagte: »Ach ja, lieber Unrecht leiden als Unrecht tun.« Das klang nach Jesus und der Bergpredigt. Ich war schwer beeindruckt. Noch heute habe ich diesen Satz im Ohr und sehe dabei meine Tante vor mir.

JOCHEN OPITZ, Hattingen

»Kinder sind WIE GLÜCKSKEKSE: Was in ihnen steckt, erfährt man erst, wenn sie aufgebrochen sind.«

Nach vier Kindern und 19 Jahren mit ihnen zusammen, bin ich zu diesem Satz gekommen. Man kann durch Erziehung und Prägung viel beeinflussen und leiten, doch letztlich schmieden sie ihr Glück selbst. Dieser Satz stärkt mich darin, dass man Dingen auch mal seinen Lauf lassen muss.

JÖRG HOFFMANN, Gelsenkirchen

»Immer EINEN SCHRITT nach dem anderen machen!«

Wenn ich nicht mehr weiß, wo mir der Kopf steht, weil drei Kochtöpfe auf dem Herd stehen, die Kinder meckern, weil sie Hunger haben, das Telefon klingelt, auf dem Anrufbeantworter meine Mutter endlich mal zurückgerufen werden will, die Waschmaschine geleert werden muss und das Gewissen schon lange drückt, weil die Steuer vom vorigen Jahr noch nicht gemacht ist, fällt mir dieser Satz ein, den mir mein Vater mit auf den Weg gegeben hat: »Immer einen Schritt nach dem anderen machen!« Und das hilft eigentlich immer. Also erst mal in Ruhe zu Ende kochen und mit den Kindern essen – und dann langsam zum Nächsten… Mein Papa muss es wissen; er hat mich mit meinen beiden älteren Geschwistern allein großgezogen.

SABINE POPP, München

»Man muss sich nur ZU HELFEN wissen!«

Klingt einfach. Aber es ist ein Satz, der mir oft im Leben Stärke gegeben hat. Meine Mutter hat ihn mir öfters gesagt (schon als ich Kind war, heute bin ich 68 Jahre alt), wenn es mir gelungen war, mich aus einer schwierigen Situation zu befreien oder wenn ich eine gute Idee hatte. Sie sagte den Satz mit Wärme und Anerkennung. So ist er mir bis heute ein stärkender Motivator. Der Satz hat mich oft in meinem Leben ermutigt, ein Problem anzugehen. In meinem Berufsleben gab er mir Schwung, Verantwortung zu übernehmen. Er gibt mir aufgrund der mütterlichen Liebe die Kraft, neue Aufgaben anzugehen. Man muss sich nur zu helfen wissen. Sehr positiv!

IRMTRAUT IBS, Dreieich

Krankheit

Krankheit

KRANKHEIT

KRANKHEIT

Krankheit

KRANKHEIT

Krankheit

KRANKHEIT

Krankheit

KRANKHEIT

*D*ie meisten Menschen haben Angst vor Krankheit. Wir alle haben Angst vor einer negativen Diagnose, die Operationen mit sich bringt, Einschränkungen der Lebensqualität oder gar das Ende unseres Lebens ankündigt. Und gleichzeitig zeigt die Lebenserfahrung vieler Menschen, wie sehr Phasen der Krankheit das Leben verdichten. Eine Krankheit kann helfen, zu bremsen, zu fragen, was wichtig ist und was nicht, mich neu zu orientieren. Und auch eine »Krankheit zum Tode« muss nicht nur Schrecken mit sich bringen, sondern eröffnet bei manchen eine Tiefe des Lebens, die sie und ihre Angehörigen vorher nicht kannten.

Dass Leiden zum Leben gehört, ist eine Lebensweisheit. Sie lässt sich leicht sagen, aber schwer durchleben. Im Leiden aber selbst Kraft zu gewinnen, kann völlig neue Perspektiven eröffnen. Eigene Schwäche zulassen, Grenzen kennenlernen, nur kleine Schritte gehen können, das will gelernt sein. Aber es ist ein Lernen, das Bereicherung sein kann: Wenn wir nicht nur davor zurückweichen, leugnen, sondern zulassen, wenn uns die Angst nicht auffrisst und wir den Schmerz aussprechen, ihm und der Hoffnung Worte geben. Gerade so entstehen »starke Sätze«.

»Der Wolken, Luft und Winden gibt Wege Lauf und Bahn, der wird auch WEGE FINDEN, da dein Fuß gehen kann.«

2007, als der 400. Geburtstag von Paul Gerhardt gefeiert wurde, erkrankte mein Mann schwer. Ich war sehr verzweifelt, wartete auf Nachrichten aus dem Krankenhaus und starrte aus dem Fenster. Während ich den Wolken nachsah, kamen mir diese Liedzeilen in den Sinn. Und ich wurde etwas ruhiger.

HELGA WARSEN, Haltern am See

»In der RUHE liegt die Kraft.«

Meine kleine, geistig behinderte Schwester Gabi konnte nicht gut sprechen. Sie liebte jedoch wiederkehrende und einprägsame Wortgebilde (so zum Beispiel auch den Ausruf des »Dalli-Dalli-Mannes« Hans Rosenthal: »Das war spitze!«). Ihr absoluter Lieblingsspruch war aber jener anfänglich genannte Satz. Sie war zwar selbst nicht die Ruhe in Person, brachte uns »andere« aber durch ihr Dasein und ihr Leben zu einem anderen Rhythmus, zu einem anderen Sinn… Gabi starb mit 24 Jahren, aber noch heute dringt manchmal dieser Satz in mein Ohr. In meinem hektischen Berufsalltag, in dem ich mich übrigens dafür einsetze, dass Menschen mit Behin-

derungen auch in der evangelischen Kirche etwas
zu sagen haben, ist er mir immer wieder Signal und
Ruhepunkt.

INGE OSTERTAG, Lübeck

> *» Da es sehr förderlich für die Gesundheit ist,
> habe ich beschlossen, GLÜCKLICH zu sein. «*

Meine Frau und auch ich sind beide in der Ambu-
lanten Pflege. Dort sehen wir täglich, wie verzweifelt
und unglücklich manche Menschen sind. Ja, wir sehen auch, dass sehr viele Menschen erst durch eine
Krankheit wieder zu Gott finden. (Vermeintlich
finden? Leider?) Aber wir beide sehen in dem Ausspruch von Voltaire eigentlich ein großes und glück-
liches Stück Leben von uns!

JOACHIM-M. SCHNEIDER, Kleinostheim

> *» Was würde DIE LIEBE tun? «*

Als ich vor ein paar Jahren nach einer beängstigenden Diagnose und einer Operation zur Nachunter-
suchung zu meinem Arzt ging, sagte der zu mir:
»Schulmedizinisch sind Sie wieder gesund. Aber
um wirklich zu heilen, sollten Sie zwei Fragen zu
den Leitmotiven Ihres Lebens machen. Erstens:
Was ist heilsam? Zweitens: Was würde die Liebe

45

tun?« Diese beiden Sätze begleiten tatsächlich mein Leben. Es gibt Entscheidungssituationen, die sehr schwierig anmuten, und doch weist die Frage »Was würde die Liebe tun?« meist einen sehr klaren, sehr heilsamen Weg.

DOROTHEE MENDEN, Berlin

»Die HOFFNUNGSLOSIGKEIT *ist schon die vorweggenommene Niederlage.*«

Diesen Satz von Karl Jaspers hatte ich einmal als Leuchtschrift am Stuttgarter Hauptbahnhof gelesen, als ich auf den Bus wartete. 2007 bekam mein Mann die Diagnose Lungenkrebs. Der Satz hat mich besonders in dieser Zeit begleitet und mir Mut und Kraft gegeben, um meinem Mann beizustehen. Der Krebs wurde besiegt. So wurde aus Hoffnungslosigkeit Hoffnung und aus Niederlage Sieg.

DORIS BÜTTNER

»Durch LESEN *genesen.*«

Dieser Satz – von mir – begleitet mich schon viele Jahre. Einst war er mein Leitspruch in Krisen und Krankheitsphasen, in denen ich durch die konkrete Beschäftigung mit den jeweiligen Beschwerden Linderung durch passende Lektüren fand. Später war es am Arbeitsplatz, wo ich die eifrigen Wissenschaftler beim Lesen und auch beim anschließenden sich darüber Austauschen mit mir immer als sehr entspannt und ganz allgemein im Umgang mit ihren Mitmenschen als äußerst human und besonders freundlich und höflich erleben durfte. Nun, im sogenannten Ruhestand, bin ich selbst in der glücklichen Lage, als Lesepatin die von mir ausgesuchten Texte zum Wohl meiner mir anvertrauten Grundschulkinder einzusetzen. Und nicht zu vergessen: Jeden Morgen am besten mit einem guten Spruch beginnen!

GUDRUN CHARLOTTE KOSER, München

» *Für mich gibt es nichts, meine gewonnene* FREIHEIT *wieder aufzugeben.* «

Bis zu meinem 59. Lebensjahr war ich alkoholabhängig. Erst durch eine schwere Erkrankung, bedingt durch die Sucht, habe ich es geschafft, mit einer Therapie und meiner Selbsthilfegruppe ein trockener Alkoholiker zu werden. Ich bin nun schon 13 Jahre wieder ein freier Mensch und sehe erst, wie schön das Leben ohne die Qualen der Sucht ist. Seit sechs Jahren leite ich selbst eine Kreuzbund-Selbsthilfegruppe. Vor fünf Jahren hatte ich an der Isar Jugendliche erlebt, die sich sinnlos betrunken haben. Daraufhin habe ich den Entschluss gefasst, ein Programm zu entwickeln, um die Jugend vor dem unkontrollierten Trinken zu bewahre. An etlichen Schulen führe ich nach Absprache bei allen achten Klassen vorbeugende Suchtprävention durch. Ich erzähle den Jugendlichen meine Lebensgeschichte mit allen schmerzlichen Erfahrungen. Die Betroffenheit über mein schonungsloses Offenlegen beeindruckt die Jugendlichen. Bei der Diskussionsrunde kommt oft die entscheidende Frage: Was wäre denn ein Auslöser, der mich wieder in die Sucht führen könnte? Darauf antworte ich und das macht mich stark: »Für mich gibt es nichts, meine gewonnene Freiheit wieder aufzugeben.« Selbst wenn ich erfahren würde, dass ich nur noch ein halbes Jahr zu leben habe, würde ich bewusst trocken bleiben. Es gibt für mich nichts Schöneres, als den Dämon Alkohol besiegt zu haben.

WERNER BANNERT, Garching

» Wenn wir zu hoffen aufhören, kommt, WAS WIR BEFÜRCHTEN, bestimmt. «

Dieser Spruch von Christa Wolf begleitet mich seit dem Sommer 1991. Als junge Dresdener Mutter von zwei Kindern und ausgebildete Diplom-Ingenieurin saß ich, frisch gekündigt, in einem Bewerbungskurs. Dresden galt in der DDR immer als das Tal der Ahnungslosen. Tagsüber, aber vor allem in der

Nacht plagten mich Alpträume. »Du hast keine Berufserfahrung – du hast zwei kleine Kinder – du
weißt nur, was du nicht willst – du hast kein Durch-
setzungsvermögen – du hast keine Chance…« Jeden
Tag brach ein Stück Vertrautheit weg und das Neue
war nicht über Nacht vertraut. Die sich mir aufdrän-
genden Schlagzeilen der Gazetten über mein altes
und mein neues Vaterland verlangten nach steter
Auseinandersetzung über Werte. Es war mir alles
zu viel und es war ein hartes Erwachen, anzukom-
men in »meiner« neuen Welt. In den vier Wochen
Kurs habe ich mehr über mich erfahren als in den
28 Jahren davor. Die Trainerin beendete das Semi-
nar mit diesem Spruch. Er ist für mich Fazit und
Ausblick zugleich, hat mich bis zum heutigen Tag
getragen und immer wieder empfinde ich ihn als
große Kraftquelle.

KERSTIN ANGIERSKI, Dresden

» *Wenn man nicht hat, was man liebt,* **MUSS MAN LIEBEN,** *was man hat!* «

Diesen Spruch habe ich vor vielen Jahren als Au-
pair in Brüssel entdeckt, und er hat mich seither
immer begleitet. Damals hat er mir durch schwierige Stunden geholfen. Seit 20 Jahren bin ich nun
schwer krank, wurde aus dem vollen Leben geris-
sen. Es folgten viele Monate in diversen Kliniken,

49

verschiedene Arbeiststellen, die ich immer wieder aufgeben musste, und schließlich die vorzeitige Berentung. Mein Leben ist aber nicht traurig, sondern nur physisch eingeschränkt. Ich träume mich, wenn der Schmerz und die Erschöpfung zu stark sind, einfach an all die schönen Orte auf dieser Welt, die ich früher besucht habe. Außerdem: Ich hätte meinen Mann nie kennengelernt, wenn ich nicht krank geworden wäre. Er ist mein großes Glück im Leben! Die Krankheit hat mich Demut gelehrt und Freude an kleinen Dingen. Heute genieße und liebe ich das, was ich habe, und schaue nicht auf das, was vielleicht möglich gewesen wäre…

CHRISTIANE SOLBACH, Mainz

» *Alles hängt* **MIT ALLEM** *zusammen.* «

Es sollte ein schöner Ausflug am letzten Winterferientag mit Opa und den Enkeln werden. Dann hatte ich eine Sekunde nicht auf mich geachtet – ich fiel und brach mir das Sprunggelenk. Das geschah vor 20 Monaten. Ich wurde mehrmals operiert, kann aber immer noch nicht ohne Unterarmstützen und ohne Schmerzen laufen. Notgedrungen habe ich all meine Pläne und Vorhaben streichen oder ändern müssen. Dafür lese ich viel, schreibe wieder mehr Gedichte, nutze meine umfangreiche CD-Sammlung und meinen PC, telefoniere mit Freunden und der Familie und bin aufmerksamer geworden für fremde Schicksale. Mein Mann hat sich als fleißiger, umsichtiger und fürsorglicher Helfer und Pfleger entpuppt, für dessen liebevolle Hilfe ich sehr dankbar bin. Ich weiß, alles hängt mit allem zusammen.

ELKE LORENZ, Chemnitz

» Seitdem ich den AUFZUG BENUTZE, geht es mit mir bergab. «

Meine Hausärztin hat in der dritten Etage ihre Praxis; diese habe ich jahrelang per Treppe erreicht. Inzwischen muss ich jedoch MS-bedingt und wegen schleichender Verschlechterung zwangsläufig den Fahrstuhl benutzen. Demzufolge habe ich auf die Frage meiner Ärztin »Wie geht es Ihnen?« mit diesem Satz geantwortet. Etwas Ironie kann manchmal sehr hilfreich sein.

HANS FINKE, Berlin-Kreuzberg

» Wenn NICHT JETZT, wann dann?! «

Im vorigen Jahr erlitt mein Mann einen schweren Herzanfall. Der Notarzt, den ich alarmiert hatte, entschied sich für einen Transport mit dem Hubschrauber in ein Herzzentrum, wo umgehend eine

Herzoperation mit fünf Bypässen gemacht wurde. Dieses Ereignis hat unser Leben, auch positiv, verändert. Seitdem ist der Satz »Wenn nicht jetzt, wann dann?!« zu einem Leitmotiv meines oder unseres Lebens geworden. Wir haben unser bisheriges Leben völlig verändert und Neues gewagt. Dieser Satz hat mich in den vergangenen Monaten in zweifelnden und schwachen Momenten stark gemacht, und für uns bedeutet er, dass wir zwischenzeitlich vom Land in die Stadt gezogen sind. Wir leben nicht mehr in einem Haus mit großem Garten, sondern in einer Wohnung mitten in der Stadt und besuchen mit großer Freude die Senioren-Universität, Konzerte, Theater und Vorträge. Wir machen jetzt all die Dinge, die wir uns für den Ruhestand vorgenommen, aber auch aufgeschoben hatten, ganz nach dem Motto: »Wenn nicht jetzt, wann dann?!« Damit haben wir einerseits Verantwortung abgegeben, um andererseits bei Bedarf genügend Kraft zu haben, für den anderen Verantwortung übernehmen zu können.

ASTRID LAUER-KRASS, Trier

»Auch wenn man ABGESCHNITTEN IST, kann man noch wachsen.«

Als 1985 meine damals elfjährige Tochter aufgrund eines durchbrochenen Blinddarms mehrere schmerzhafte Operationen überstehen und mehrmals reanimiert werden musste, wünschte sie sich, immer nach der Rückkehr aus dem OP einen bunten Blumenstrauß. Als sie einmal meine Tränen in den Augen sah, zeigte sie auf inzwischen höher gewachsene Tulpen in dem Strauß und stellte fest: »Auch wenn man abgeschnitten ist, kann man noch wachsen!« Seitdem hilft mir dieser Spruch, wenn es mir nicht gut geht oder wenn ich Angst – zum Beispiel vor dem Nichtmehrkönnen oder gar Sterben – habe, und ich bin wieder voller Zuversicht.

DR. BRIGITTE MCMANAMA, Hamburg

» Wenn der Wind der VERÄNDERUNG weht, bauen die einen Mauern und die anderen Windmühlen. «

Als ich vor einem Jahr nach einem Treppensturz und schwerer Rücken-OP in der REHA auf der Liege des Physiotherapeuten lag, las ich diesen Satz, der aus China stammt, in Augenhöhe an der Wand. Aus Erfahrung weiß ich seit langem, dass auch zunächst als negativ empfundene Ereignisse wunderbare neue Welten eröffnen können. Seitdem ich dem Rollstuhl knapp entkommen bin, sehe ich allen Veränderungen vollkommen gelassen entgegen, ich führe sie sogar oft mutig herbei, wo ich früher lange geplant habe.

JUHUE, Dortmund

»Jeder Tag ist **EIN GESCHENK,** man muss es nur annehmen.«

Nach einem massiven Burnout vor vier Jahren (keine Kraft, konnte fast nicht mehr reden) habe ich mir am langen Weg zurück ins Leben diesen Satz immer wieder ins Gedächtnis gerufen und vorgesagt. Dadurch habe ich mein Katastrophendenken total ablegen können, freue mich über jede Kleinigkeit im Alltag und bin jeden Abend dankbar, diesen Tag gelebt und erlebt zu haben. Mein Glaube, der bis dahin ziemlich im Hintergrund stand, hat mir Kraft und Zuversicht gegeben. Es ist schön in dieser Zeit, in meiner Heimat und mit den Menschen um mich herum zu leben.

REGINA HÖFER, Steiermark/Österreich

»Unsere **VERABREDUNG MIT DEM LEBEN** findet im gegenwärtigen Augenblick statt, und der Treffpunkt ist genau da, wo wir uns gerade befinden.«

Ich lebe sozusagen von »starken Sätzen«. Sie spielen in meinem Leben eine besondere Rolle. So auch dieser, der auf meinem Küchentisch liegt: »Unsere Verabredung mit dem Leben findet im gegenwärtigen Augenblick statt, und der Treffpunkt ist genau da, wo wir uns gerade befinden.« Dieses Wort erreichte mich, als ich nach dem Tod meiner Frau – nach 45 Ehejahren – in einer schwierigen Situation war. Ich suchte nach Halt und Orientierung. Jetzt habe ich eine »tägliche Verabredung mit dem Leben«, für das ich offen geworden bin. Und ich werde täglich beschenkt, weil ich morgens mit Dank für diesen Tag aufstehe und entsprechend abends zu Bett gehe.

HEINZ GRONEWOLD, Ganderkesee

Lebens-
WEISHEIT

*E*s ist spannend wahrzunehmen, wer uns Lebensweisheit mit auf den Weg gibt. Im Folgenden sind das unter anderen: ein Liederdichter, ein indischer Arzt, ein Englischlehrer, Martin Luther, ein Hörspiel, ein Roman, eine Dame im Pflegeheim, ein Vers aus dem Poesiealbum. Fast scheint es, als fliegen uns solche Sätze zu, als setzten sie sich plötzlich und unerwartet fest und werden so zur Weisheit. Erstaunlich und faszinierend finde ich das!

Es geht um Sätze, die uns in den Sinn kommen, wenn wir vor großen Fragen stehen, nicht wissen, wie abzweigen, wie eine Krise bewältigen. Merk-würdig, wie sie uns zu-fallen! Und wie gut, dass unser Gedächtnis sie hervorrufen kann, wenn wir sie brauchen. Starke Sätze sind dann stärkende Sätze, die neue Orientierung geben, trösten und ermutigen. Ich wünschte, wir könnten den Kindern im Land solche Sätze, aber auch die Geschichten, aus denen sie stammen, mit auf den Lebensweg geben. So ein kleines Handgepäck der Ermutigung, wie es Geschichten, Lieder und Gebete auch sind. Martin Luther hatte das wohl im Sinn, als er den kleinen Katechismus als Dogmatik für den Hausgebrauch schuf. Es geht um Sätze, die Menschen erinnern, an denen sie Orientierung finden aus dem Glauben heraus für den Alltag der Welt.

» LEBE, *wie du, wenn du stirbst, wünschen wirst, gelebt zu haben.* «

Diesen Satz vom Kirchenliederdichter Christian Fürchtegott Gellert sollten wir, als ich 1955 in der neunten Klasse war, analysieren. Ich hatte abgeguckt und wurde dabei erwischt, und so wurde meine Deutscharbeit nicht gewertet. Diese Worte haben sich jedoch bei mir eingeprägt und als Lebensmotto herauskristallisiert – allerdings im Zusammenhang mit der Botschaft Jesu, die mir ebenfalls von Jugend auf vermittelt wurde.

IDES EBERBACH, Salzhausen

» *Mit Dingen, die anderen Menschen* HEILIG SIND, *treibt man keinen Scherz.* «

1941. Rohstoffe wurden knapp in Deutschland. Wir Oberschüler sammelten Altpapier. Es war eine religionsfeindliche Zeit – und so fand sich auch eine Bibel in unserem Sammelgut. Aus reinem Übermut legten wir sie unserem Englischlehrer aufs Pult. Zu unserer Überraschung war er nicht ungehalten, sondern schloss die Bibel und sagte diesen Satz. Wie schade, dass diese Maxime (noch) nicht Allgemeingut ist; der Menschheit bliebe viel erspart. Stichwort: Mohammedkarikaturen.

JOHANNES STEPHAN, Radebeul

» Die einzige Art, MIT DEM LEBEN fertig zu werden, ist, es zu lieben. «

Der Satz von Georges Bernanos bedeutet, Menschen anzunehmen, zu lieben, wie sie sind. Das eigene Schicksal nehmen, wie es ist. Ein indischer Arzt sagte einmal zu mir: »Das Zauberwort heißt Toleranz.« Wenn ich meine Umstände toleriere, kann ich das Leben lieben.

MARGIT WILDERMUTH

» Man muss SICH BESCHÄFTIGEN, während man auf den Tod wartet. «

Diese Lebenserkenntnis spricht eine Figur in Håkan Nessers Roman »Und Piccadilly Circus liegt nicht in Kumla« aus. Seit der Lektüre des Buches kommt mir immer wieder dieser Satz in den Sinn, denn er relativiert so manches, was Menschen mit ihrem Leben anfangen. Ob man das Leben mit der Suche nach Erfolg, nach Geld, nach Liebe oder Anerkennung verbringt, ob man sich abstrampelt und manchmal doch nichts erreicht, ob man eher still oder eher laut lebt, ob man sich für andere einsetzt oder mehr nur an sich selbst denkt, ob man einem Gott folgt oder nicht – es gibt so viele Lebensentwürfe und niemand von uns weiß, welches der perfekte ist oder ob es ihn überhaupt gibt. Wir alle tun nichts anderes, als dieses Leben aus

59

unserer persönlichen Perspektive heraus möglichst sinnvoll zu gestalten. Wenn ich andere Menschen bei etwas beobachte, was ich überhaupt nicht nachvollziehen kann, wenn ich schon anfange, mich aufzuregen, so holt mich dieser Satz wieder auf den Boden zurück und verhilft mir zu mehr Toleranz meinen Mitmenschen gegenüber. Gleichzeitig erkenne ich die Aufforderung, die eigene zur Verfügung stehende Zeit mit Beschäftigung, mit »Leben« zu füllen.

DAGMAR REIMANN, Alfeld

» Wo du auch hingehst, DER HIMMEL ÜBER DIR ist stets derselbe. «

Dieser Satz basiert auf dem persischen Sprichwort »Wo immer du hingehst, der Himmel hat stets dieselbe Farbe«, den man sowohl pessimistisch als auch optimistisch auslegen kann: resigniert als »es ist sowieso überall dasselbe« oder aber hoffnungsfroh: »Auch wenn alles unsicher und im Wandel ist, der Himmel bleibt, darauf kannst du zählen.« Um Letzteres zu betonen, habe ich daraus für mich »Wo du auch hingehst, der Himmel über dir ist stets derselbe« gemacht. Letztlich erinnert mich dieser Satz stets daran, dass ich mich – in welcher Situation auch immer – weder in einer beängstigenden, da völlig unbekannten, Situation befinde, noch allein bin. Denn der Himmel über mir, auch als Metapher für Gott, ist stets dabei, ist stets derselbe. Und dieses Wissen macht mich stark.

R. P. W., Düsseldorf

»...und denken Sie ZUR ABWECHSLUNG einmal selbst nach!«

Dieser Satz stammt aus einem Hörspiel von Thomas Brasch über den dicken Herrn Bell, der das Telefon erfunden hat. Ich habe als Studentin (also vor über 30 Jahren) dieses Hörspiel auf Schallplatte besessen und öfters abgespielt. Dieser Satz ist hängengeblieben, bis jetzt, weil ich es mir immer wieder mal leicht machen wollte und mich auf andere Autoritäten berufen habe. Dabei kann ich doch selbst nachdenken!

KATARINA SCHUBERT, Kamsdorf

»Man muss nur an den nächsten Schritt denken, an den nächsten Atemzug (...). Dann MACHT ES FREUDE; das ist wichtig.«

Diese Weisheit des Straßenkehrers Beppo in der wunderbaren Geschichte von Michael Endes »Momo« verleiht mir oft Mut und Ausdauer, wenn ich in einer schier aussichtslosen Situation stecke. Wenn ich in Krankheit auf einen Befund warte, dann kann der »Atemzug« schon wörtlich genommen werden. Oder

61

bei einer Aufgabe, deren Ende ich absolut nicht erkennen kann und die auf mich wirkt wie das allseits bekannte Hamsterrad. Besinne ich mich dann auf das momentane Geschehen, fällt die erdrückende Last ab, die Teilaufgabe kann zur Freude werden – und plötzlich steht das erlösende Ende vor mir.

WALTER WIEDENMANN, Sandersdorf-Brehna

»*Alles richtig machen* ZU WOLLEN, *ist bestimmt falsch.*«

Diesem scheinbar paradoxen Satz, der aus einem Buch von Werner Sprenger stammt, bin ich vor etwa zehn Jahren zum ersten Mal begegnet. Inzwischen hängt er als Postkarte in meiner Wohnung, sodass ich im Alltag immer wieder daran erinnert werde. Ich würde mich als eher idealistischen Menschen beschreiben, manchmal auch ein wenig perfektionistisch – wie gerne würde ich immer alles »richtig« machen! Der Satz schenkt mir Abstand bei zu treffenden Entscheidungen und den Mut zur Unsicherheit, den Mut, auch mal etwas zu riskieren. Und wer bestimmt denn überhaupt, was richtig ist? Richtig jetzt gerade im Moment? Richtig für mich? Was für den einen richtig ist, ist vielleicht für den anderen gerade falsch. Der Satz ermutigt mich zum eigenen Denken und Handeln, zum eigenen Leben!

ASTRID GRUNACK

» *Was du sagst, verweht im Wind.* Nur **WAS DU TUST,** *schlägt Wurzeln.* «

Dieser Satz von Karl Heinrich Waggerl ist für mich wichtig, weil heute so viel mehr geredet als gehandelt wird. Ich versuche, nur noch das zu sagen, was ich auch machen kann.

BARBARA BAUR, Karlsruhe

» *Meinen* **JAHREN LEBEN GEBEN** *und nicht meinem Leben Jahre.* «

Diesen Satz pinselte ein in die Jahre gekommener Freak im Morgengrauen in großen, bunten Lettern an eine Hinterhof-Wand in Berlin-Moabit. Meine kleine, graue Studentenbude bekam kaum Licht, aber der neue Ausblick auf diese Botschaft hat mich oft ermuntert und lässt mich sehr gelassen bald 60 werden.

ALEXANDER V. D. MARWITZ, Memmingen

» *Das ist doch* **KEIN WELTUNTERGANG –** *es gibt immer einen Weg.* «

Der Satz hat mich stark gemacht: Er half immer, ob es in der Kindheit und Jugend um schlechte Noten, Freundschaften oder Liebeskummer ging – oder später bei der Berufs- und Partnerfindung. Aber nicht

63

nur der Sinn der Worte half, sondern auch die Art und Weise, wie sie gesprochen wurden: Darin steckte eine Mischung aus Weisheit, Lebenserfahrung und der Aufforderung, sein eigenes Leid oder Problem nicht zu wichtig zu nehmen. Das Schöne an dem Satz ist, dass er in meinem Leben bis heute Recht behalten hat – und dafür bin ich sehr dankbar. Denn so allgemeingültig wie er scheint, selbstverständlich ist es dennoch nicht!

ASTRID B.

»*Nicht falsch oder richtig* – NUR ANDERS.«

Dieser Satz ist weniger für dramatische Momente, in denen wir nach Halt suchen, sondern eher für den täglichen Gebrauch. Nicht selten, wenn ich anderer Meinung bin als mein Gegenüber, entwickelt sich ein regelrechter Wettstreit, wessen Sicht auf die Dinge nun richtig ist. Oft bleiben auch Groll und Verletzungen zurück – und im Grunde haben beide Parteien verloren. Dieser Satz erinnert mich daran, dass die Meinung meines Gegenübers nicht unbedingt »richtig oder falsch« ist, sondern »nur anders«. Das gilt auch für meine Sicht. Mit dem Wegfallen des Werturteils und dem Geltenlassen der anderen Sicht geht es nicht mehr um Verlieren und Gewinnen, richtig oder falsch, sondern um das Erklären anderer Sichtweisen. Damit öffnet sich nicht selten ein Raum, in dem man sogar noch etwas lernen kann, weil man nicht verbissen die eigene Position verteidigen muss. Dieser Satz in Konfliktsituationen, egal ob in der Familie, dem Freundeskreis, bei der Arbeit oder sogar zwischen den Völkern, ermöglicht ein Miteinander auf Augenhöhe. Zeigt den Respekt voreinander und schafft die Voraussetzung zur Findung einer konstruktiven Lösung, weil es keine Verlierer gibt. Der Satz ist für mich unendlich wertvoll. Er hat mir so manch friedliche Diskussion geschenkt und eine Erweiterung meines Horizontes.

BÄRBEL ACKERMANN, Erftstadt

» *Liebe ist* DAS EINZIGE, *das sich vermehrt, je mehr man es verschenkt.* «

Meine Geschichte wiederholt sich immer wieder. Ein gutes Wort, ein Trost, eine Hilfestellung oder eine Umarmung lösen Glücklichsein beim anderen und bei einem selbst aus.

URSULA, Mexiko-Stadt

» *Der Mensch denkt und* GOTT LENKT. «

Aufgewachsen mit den Spruchweisheiten meiner Großmutter, die sich häufig als biblisch entlehnt entpuppten, habe ich später als Naturwissenschaftlerin

65

gelernt, dass unserem Denken Grenzen gesetzt sind, aber unser Tun und Lassen in einem höheren Sinnzusammenhang stehen. Dass deshalb Ziele bisweilen konterkariert werden und sich andere Türen öffnen, geschieht nicht selten zu unserem Besten – im Nachhinein gesehen. Das war tröstlich für das Kind und ermutigend für mich als Erwachsener.

DR. WALTRAUD BRETZGER, Heidenheim/Brenz

» Mußt di nich argern, hett keenen Wert. Mußt di blot wunnern, wat all passert. Mußt **JUMMER DENKEN,** *de Lüd sind nich klock, jeder hett Grapen, du hest se ok. «*

Im Jahr 1985 habe ich vor meiner Ausbildung zur Altenpflegerin in einem ganz kleinen Pflegeheim als Praktikantin gearbeitet. Ein sogenanntes Stift, in dem damals 15 Menschen lebten. In diesem Haus wohnten überwiegend »Balten-Deutsche« (viele adelig, vertrieben, teilweise verarmt). Eine Dame, eine »von« mit nicht wenig Dünkel und noch mehr Ansichten, was die anderen Bewohner betraf, hat mir diesen Spruch häufig zitiert. Ich mochte die Dame – und der Spruch gefiel mir sehr. Zeigte er doch, dass besagte Dame auch selbstironisch sein konnte. Deshalb habe ich ihn mir von ihr in Mundart diktieren lassen (das ist der Grund für diese besondere Grammatik), damit ich ihn ja nicht vergesse. Das habe ich nicht. Wenn ich heute gelegentlich selbst diesen Satz zitiere, muss ich immer an die schöne und interessante Zeit in dem Heim denken. Vor allem aber an die Dame, die im Jahr 2003 neunzigjährig gestorben ist.

CORNELIA LANGE, Leinfelden-Echterdingen

» *Hoffnung ist nicht die Überzeugung, dass etwas gut ausgeht, sondern* DIE GEWISSHEIT, *dass etwas Sinn hat, egal wie es ausgeht.* «

Mein starker Satz stammt von Václav Havel. Oft denke ich darüber nach, ob und welchen Sinn das eigene Engagement hat. Bei allem Frust über Misserfolge und erlebte Gleichgültigkeit bleibt die Zuversicht, dass das eigene Handeln dennoch sinnvoll ist. Vielleicht wird manches erreicht, was noch nicht offensichtlich ist.

HEIKO REINHOLD, Stollberg

» *Lass los, dann hast du* BEIDE HÄNDE *frei.* «

Es ist oft schwer loszulassen: sei es, die eigenen Kinder oder eingefahrene Strukturen. Ich habe nach 15 Jahren gemeinsamer Arbeit gemerkt, in beruflicher Hinsicht das Leben meines Mannes gelebt zu haben. Er wies an – ich führte aus. Ich fühlte mich fremdbestimmt. Nach einer Auszeit in einem Klos-

67

ter habe ich meinen »Bauch befragt« und mich in meinem erlernten Beruf als Lehrerin beworben. Seit drei Jahren genieße ich eine neue Art von Anerkennung. Im Kloster habe ich gelernt, dass, wenn sich eine Tür schließt, sich eine neue wieder öffnet. Das Schwierigste war, die alte Tür(-klinke) loszulassen und mit freiem Blick (freien Händen) neue Räume zu betreten, Neues anzupacken. Für mich hat es sich gelohnt.

CLAUDIA LUNOW

» Verschwende **DEINE ENERGIE** nicht darauf, dir selber leidzutun! «

Als ich mich an einem Tiefpunkt befand, bekam ich diesen Rat. Dieser Satz hat mich durch weitere Schicksalsschläge begleitet und mir geholfen, immer wieder einen Neuanfang zu schaffen.

I. L., Backnang

» Wer das, **WAS ER TUT,** gerne tut, braucht nie wieder zu arbeiten. «

Ich liebe meinen Beruf. Und da ich als Leiterin eines Kundencenters andere Menschen mit meiner Art und mit meiner Lebensphilosophie berühren kann, fasziniert mich schon seit Jahren, was passiert, wenn Leute zu mir sagen: »Man merkt Ihnen so richtig an, dass Ihnen Ihr Job Spaß macht, das ist wunderschön zu erleben« – und ich antworte: »Damit dies bei Ihnen auch so ist, braucht es nur die Entscheidung dazu: Tun Sie das, was Sie tun, einfach gerne! Und dann stecken Sie wieder andere damit an…« Das funktioniert wirklich… Wirklich! Ich hab's gesehen…

JUDITH BENEKE, Esslingen

» Erinnere dich an gestern – denke an Morgen – aber LEBE HEUTE! «

Diesen Satz hat mir vor 25 Jahren meine Englischlehrerin in mein Poesiealbum geschrieben. Gerade in schlechten Zeiten hat mich dieser Satz an Gott und an mich glauben lassen! Denn man sollte für das Hier und Jetzt dankbar sein, auch wenn man das Gefühl hat, von allen verlassen worden zu sein.

A. W.

» Ohne RÜHREN gibt es keinen Rührkuchen. «

In der Zeit des Umbruchs und Aufbruchs von 1989/1990 habe ich immer mit diesem Slogan für eine grundlegende Erneuerung der Gesellschaft in der DDR geworben. Nicht warten, dass das Manna vom Himmel fällt, sondern bitte selbst seinen spezifischen Beitrag leisten. Übrigens auch heute unverzichtbar als Lebensmaxime für eine solidarische Gesellschaft.

DR. WILHELM POLTE, Magdeburg

» In Anbetracht DER EWIGKEIT ist dies … nur eine Kleinigkeit.«

Diesen Satz, keine Ahnung, woher und seit wann ich ihn kenne, sage ich mit immer laut vor, wenn mir irgendetwas Dummes passiert wie zum Beispiel, dass ich den Haustürschlüssel vergessen, den Bus verpasst oder meinen Regenschirm verloren habe. Im Anbetracht der Ewigkeit ist dies tatsächlich eine unbedeutende Nichtigkeit.

M. C. G., Hildesheim

» Wenn nicht DAS GESCHIEHT, was wir wollen, geschieht das, was besser ist.«

Wir schrieben das Jahr 1987. Ich hatte mich auf eine interessante Stelle, in der ich Theorie und Praxis im Bereich der technischen Optik auf ungeahnte Weise vereinigen konnte, beworben. Das Bewerbungsgespräch lief wunderbar – es schien alles zu klappen. Dann der Schock: Ein Wechsel der Arbeitsstelle innerhalb des Zeiss-Kombinates wird vom Generaldirektor nicht genehmigt. Die Hoffnung auf eine mich ausfüllende Arbeitsstelle war geplatzt. Als ich nach Hause kam, lag eine Karte auf dem Tisch mit dem Lutherspruch: »Wenn nicht das geschieht, was wir wollen, geschieht das, was besser ist.« Kurze Zeit später erfuhr ich, dass ich auf der ersehnten Stelle aufgrund eines Wechsels in der Chefetage meinen Kaderleiter (einen »abgehalfterten« NVA-Offizier und strammen Parteisoldaten) als Chef bekommen hätte… Drei Jahre später klappte es dann mit dem Wechsel. Zwar musste ich noch einmal die »Hoch-schulbank drücken«, doch zurückblickend weiß ich, dass der Lutherspruch treffend ist.

KARL-HEINZ BÄR, Jena

ABSCHIEDE

*E*ine der schwersten Erfahrungen bleibt der Tod eines geliebten Menschen. Als Pfarrerin habe ich oft erlebt, wie da Sätze nachklingen, besondere Situationen tief im Gedächtnis haften. Der letzte Satz für den Sohn, der in den Krieg zieht und nicht zurückkommt. Der letzte Abschied, der eigentlich banal war und erst später so viel Bedeutung gewann. Oder ein Gefühl von Versagen: Warum finden wir keine Worte angesichts des Todes…

Es gibt auch andere Abschiede. Das Ende einer Liebe. Der Verlust einer Freundschaft. Die Erkenntnis, dass ich kinderlos bleiben werde. Sie alle tun weh. All solche Abschiede können bitter machen. Und in den vielen Zuschriften gab es viele solcher Erfahrungen. Anrührend war für mich beim Lesen, wie Menschen Kraft finden, wieder aufzustehen, ja, auferstehen mitten im Leben, mitten im Leid. Da wird Abschied zum Neubeginn, da wird Trauer zur Kraft, da werden Tränen zur Hoffnung und der Verlust trotz alledem zur Lebensbejahung. Es tut fast weh, das zu lesen. Und doch sind diese Abschiede nicht verlorene Beziehung, sondern Vertiefung des Lebens. So jedenfalls wirken diese starken Sätze auf mich… Die Dichterin Mascha Kaléko hat einmal gesagt: »Den eignen Tod, den stirbt man nur, mit dem Tod der anderen muss man leben.« Das bleibt für mich ein starker Satz.

» Na WARTE! «

Als meine Frau im Oktober 2007 starb, war nichts mehr wie zuvor, mir erschien alles sinnlos. Nur knapp 14 Tage später verließ Schauspielerin Evelyn Hamann diese Erde. Sie und Loriot waren die Lieblingsdarsteller von mir und meiner Frau. Es war Loriot, der seiner verstorbenen, wesentlich jüngeren Kollegin mit für mich unvorstellbarer Gefasstheit folgendes Grußwort widmete: »Liebe Evelyn! Dein Timing war immer perfekt, nur dieses Mal hast Du die Reihenfolge nicht eingehalten. Na warte!« Treffender und tiefer konnte Zwiesprache mit einem geliebten Menschen über den Tod hinaus nicht ausgedrückt werden. Loriot ist seiner Evelyn inzwischen gefolgt, in seinem »Na warte!« habe ich mich schon damals sofort wiedergefunden. Es festigt seitdem meinen Glauben an ein Wiedersehen, ausgedrückt auch in den Worten Hedwig von Rederns: »Trennung ist unser Los, Wiedersehen unsere Hoffnung.«

DIETER PÜNJER, Wilhelmshaven

» Alles hat SEINE ZEIT. «

Meine kleine Tochter verstarb mit sechs Monaten am plötzlichen Kindstod. Ich fühlte mich in meiner kaum auszuhaltenden Trauer von der evangelischen Kirche so im Stich gelassen, dass ich austrat, obwohl ich weiterhin an Gott glaubte. Nach 18 Jahren Ehe trennte sich mein Mann von mir, es folgten zwei weitere Partnerschaften, die sechs und acht Jahre dauerten. Heute habe ich zu meinen Ex-Partnern ein freundschaftliches Verhältnis. Seit August bin ich im Ruhestand. Ich habe eine wunderbare Schwester, einen netten Freundeskreis, liebe die Natur, die Tiere und mein Leben. Und ich schaue nicht wehmütig zurück.

E. K., Wiesbaden

» *Der Herr* BEHÜTE UND BESCHÜTZE *dich, wenn du fortgehst und wenn du wiederkommst, von nun an bis in Ewigkeit.* «

Mit diesen Worten verabschiedete meine Oma ihren 17-jährigen Sohn in den Zweiten Weltkrieg. Für die Ewigkeit. Er kehrte nie zurück. Meine Mutter verabschiedete so ihren toten fünfjährigen Sohn. Dem Vater gaben wir den Spruch im Todeskampf mit auf den Weg. Ebenso wenn ich die Welt durchstreifte, begleitete mich der Spruch wie eine gute Reiseversicherung, ich fühlte mich nie allein. Auch bei meiner Tochter und deren vier Söhnen gehört er zur Familientradition beim Abschiednehmen. Wenn ich heute meine stark demente Mutter besuche und mich verabschiede, so ist ihr der Spruch geblieben.

RENATE SCHWIERS, Ense

75

» Eine UMARMUNG *sagt mehr als tausend Worte.* «

Vor einiger Zeit nahm sich ein Schüler das Leben. Warum fehlen uns die Worte? Stärke oder Schwäche zeigen? Ich zeigte Schwäche und weinte mit den Angehörigen. Es gibt Situationen, da sind Worte kein Trost.

REGINA RODE, Rastede

» *Es wird sich alles* HISTORISCH *entwickeln* … «

Meine Mutter ist kurz vor ihrem 102. Geburtstag gestorben. Sie war sehr bescheiden. Diese Bescheidenheit kam nicht von ungefähr. Sie hat zwei Weltkriege überlebt. Die Erfahrung jahrelanger Entbehrungen und des Hungers haben sie geprägt. Sie sprach nicht gern von dieser Zeit. Die Erinnerung war für sie anstrengend, das Reden darüber fiel ihr nicht leicht. Als Sechsjährige hat sie ihren Vater verloren. Warum sollte sie die schrecklichen Bilder hervorholen? Es gab so viele schöne Erinnerungen in ihrem Leben – allen voran der Fall der Mauer. Als 19-Jährige aus Stettin nach Berlin gekommen, war sie stolz darauf, in Berlin zu leben. Sie hinterließ drei Kinder mit den dazugehörigen Partnern, sechs Enkelkinder und zwölf Urenkel. Alle liebten sie. Bei Kummer und Sorgen ging man zu ihr und sprach mit ihr. Sie urteilte nicht, gab auch wenige Ratschläge, aber sie hörte zu. Sie war von einem tiefen Glauben erfüllt, der ihr immer wieder Kraft gab. Keiner ging von ihr, ohne den Satz »Es wird sich alles historisch entwickeln…« mitzunehmen. Jetzt, wo sie nicht mehr da ist, wissen wir, wie wichtig sie für uns war. Sie fehlt uns so sehr.

BODO MERTINS, Berlin

»*Es ist alles* EIN ÜBERGANG. «

Vor vielen Jahren: Mein 15-jähriger Sohn kam nach Hause, ich hatte ihn zum Friseur geschickt, er tauchte wieder auf mit einer unglaublichen langen Lockenpracht! Er hatte sich eine Dauerwelle machen lassen, dazu trug er Jeans, die so große Löcher hatten, dass er sie nur noch mit großen Sicherheitsnadeln zusammenhalten konnte. Ich war schockiert und wütend, zahlen sollte ich diese Monsterfrisur auch noch. Meine Mutter, damals schon an die 90 Jahre alt, saß gelassen auf dem Sofa und sagte ganz ruhig: »Lass ihn! Es ist alles ein Übergang.« Damals sah ich das ganz pragmatisch, ich bezog es auf den Augenblick, auf meine Probleme mit meinem pubertierenden Sohn. Meine Mutter aber sah es in einem viel weiteren Sinn. Sie war eine gute evangelische Christin. Ihr Tag begann regelmäßig mit dem Lesen in ihrem Losungsbuch. Und ich denke, sie sah unser Leben mit allen seinen Höhen und Tiefen als einen Übergang von der Geburt zum Tod. Sie nahm sich nicht so wichtig. Wie oft habe ich von ihr gehört: »Es ist alles ein Übergang!« Heute – ich liege zum dritten Mal in einem Jahr im Krankenhaus, bin selber alt geworden und mein Sohn hat durchaus seinen Weg gemacht – denke ich oft an meine Mutter und daran, wie tröstlich es für mich ist, dass ich genauso gelassen wie sie sagen kann: »Es ist alles ein Übergang.«

K. E., Ainring

»Alles nimmt EIN GUTES ENDE, für den, der warten kann.«

Außergewöhnlich war unsere Freundschaft schon. Von außen betrachtet und von innen her: ich eine Frau, er schwul. Doch wir konnten wirklich alles miteinander austauschen und verstanden uns auch ohne Worte. Wie »beste Freundinnen«. Ich war es auch, die ihm geraten hat, eine feste Beziehung einzugehen. Doch für den neuen Freund war ich von Anfang an die Konkurrenz, das »rote Tuch«. Obwohl ich mich zurückzog, wurde es immer schwieriger. Und es kam, wie es kommen musste: Nach einem heftigen Streit war absolute Funkstille. Jahrelang. Meine Enttäuschung saß tief, doch es gab diesen Satz von Leo Tolstoi, der mich immer wieder ruhig werden ließ: »Alles nimmt ein gutes Ende, für den, der warten kann.« Davon war ich felsenfest überzeugt, die ganze Zeit über. Nach sieben

Jahren kam ein Brief, ob wir uns nicht mal wieder treffen könnten. Unsere Freundschaft besteht nun wieder, fast wie früher, aber ich kann warten …

ANONYM

» Nehmen wir ZUFLUCHT zur Religion, dieses alles wird einen Sinn haben. «

Es stand das Ereignis in unserem Leben an: Unser Kind sollte geboren werden. Es wurde der wichtigste Tag für uns, fest verbunden mit diesem Satz. Ich habe diesen Satz zu den ratlosen Ärzten gesagt, nachdem sicher war, dass unser Kind schon im Mutterleib verstorben war und es tot zur Welt kommen würde. Die Zeit der Wehen bis zur Geburt am folgenden Tag, einem strahlenden Sonntag, haben mein Mann und ich in der Hoffnung auf ein Wunder verbracht. Das Wunder ist nicht geschehen, das Kind wurde tot geboren. Aber die Kraft, diese fundamentale Enttäuschung zu erleben, und die Kraft, sie durch das weitere Leben zu tragen, danken wir unserem starken Satz. Bis heute, 29 Jahre später. Wir haben keine Kinder mehr bekommen, drei weitere Schwangerschaften endeten in der 12. Woche. Ob sich uns der Sinn inzwischen erschlossen hat, wäre wohl die richtige Frage. Ein spezifischer Sinn sicherlich nicht. Wohl aber die Gewissheit, dass Leid zum Leben gehört und geschieht, man kann es nicht ausklammern. Man kann es annehmen und ein großes Verständnis entwickeln, für das Leben in seiner Vielfalt. Und manchmal eine wunderbare Nähe zum Anderen verspüren, ich nenne das »einen göttlichen Moment erleben«. Und dafür bin ich dankbar.

MECHTHILD BRIEN

» Liebe BESIEGT den Tod. «

Dies ist mein Satz, der mir Trost und Kraft schenkt. Insbesondere nach dem Tod unserer Eltern halte ich ihn mir vor Augen. Er gibt mir die Hoffnung auf ein Wiedersehen.

THOMAS OSBERGHAUS, Hamburg

» Wenn morgen die Welt unterginge, würde ich meinen Mann an die Hand nehmen, unsere KINDER UND ENKEL anrufen und uns an einem unserer Lieblingsorte treffen. «

Wir treffen uns als Familie regelmäßig in verschiedenen Ferienhäusern, da wir alle sehr weit voneinander entfernt wohnen. Dort würden wir uns alle an einen Tisch setzen, die Fotoalben in die Runde geben und die Vergangenheit Revue passieren lassen. Wir würden uns erinnern, was wir alles erlebt, welche Menschen unseren Weg begleitet haben.

Wir würden lachen und weinen, so wie wir es immer gemeinsam getan haben. Familie, für uns ein hoher Stellenwert – nicht abgeschottet von all den anderen, aber ein verlässlicher Hort, wenn es dunkel und ängstlich um einen wird. Noch einmal die über alles geliebte Natur riechen, fühlen und die Sonne untergehen sehen und darauf vertrauen, dass wir uns alle wiedersehen werden. Das macht mich stark und zuversichtlich.

BARBARA, Strausberg

> » *Wir können uns nicht aussuchen, wie oder* **WANN WIR STERBEN,** *aber wir können entscheiden, wie wir leben!* «

Diesen Satz fand ich in dem Kondolenzbuch der Gedenkstätte auf dem Golm, auf der Insel Usedom. Hier fanden mehr als 20 000 Kriegstote ihre letzte Ruhe.

GERD KOZOK, Hagen

> » *Die* **WAHRHEIT** *ist dem Menschen zumutbar.* «

Was tun, wenn mein Herz mir sagt, dass ich aus tiefer Seele einen Mann liebe, der nicht mein Ehemann ist, und ich spüre, dass ich die Ehe auflösen »muss«? Ich will doch trotzdem meinen Mann nicht verletzen!

81

Ein Konflikt, der mir lange Zeit unlösbar schien, bis ich auf den Satz von Ingeborg Bachmann stieß: »Die Wahrheit ist dem Menschen zumutbar.« Als ich meinem Mann von meiner neuen Liebe erzählte, war er neben seiner Verletzt- und Gekränktheit fast erleichtert. Wir trennten uns kurz danach. Kürzlich hat er wieder geheiratet, und ich hoffe, er ist ebenso glücklich, wie ich es jetzt bin.

C. H., Hamburg

»Alles WIRKLICHE LEBEN ist Begegnung.«

Dieses Zitat von Martin Buber habe ich in der Jugendzeit erstmals über unseren damaligen Pastoralreferenten kennengelernt. Als er vor 25 Jahren tödlich mit dem Auto verunglückte, hinterließ er eine Familie mit zwei kleinen Töchtern. Als dieses Buber-Wort als Inschrift für sein Gedenkkreuz am Straßenrand ausgewählt wurde, hat es sich tief in mich eingebrannt. An der Schwelle zum Erwachsen-Werden habe ich dadurch vielleicht eine Ahnung bekommen, was wirklich zählt… Bis heute gilt für mich, dass Begegnungen jeglicher Art, sei es mit Freunden, mit lieben Menschen, aber auch die ganz überraschenden Kontakte, die mir geschenkt werden, die wertvollsten Schätze in meinem Leben sind. Danke, Detlev, für dein Vermächtnis!

SILVIA FISCHER

»*Also, fangen wir* WIEDER *an.*«

Mein Vater war ein bedeutender Wissenschaftler. Wir lebten in Jena in einem großen Haus, meine Eltern, meine drei Geschwister und ich. 1945 wurde die ganze Familie mitsamt weniger innerhalb von 24 Stunden gepackter Kisten von den Amerikanern auf einem Militärlastwagen nach Heidenheim in Württemberg verfrachtet. Dort, in einem völlig leeren Schulraum angekommen, ging mein Vater zu einem der Fenster, hing seinen Stock an die kalte Heizung und sagte: »Also, fangen wir wieder an.« Und so geschah es. Das habe ich mein Leben lang nicht vergessen.

DR. WOLFGANG HANSEN

» *Tschüss, bis morgen,* HAB DICH LIEB, *Mama!*«

Seit über zwei Jahren warte ich auf den Morgen, wo ich meinen Sohn wiedersehe. Das war sein letzter Satz am 8. Juli 2010, den er zu mir sagte, bevor er am 9. Juli einen schrecklichen Unfall hatte, an dessen Folgen er am 10. Juli 2010 verstarb. Dieser Satz macht mich traurig und glücklich zugleich und gibt mir die Stärke, jeden Tag aufs Neue zu leben. Ich bin unendlich froh darüber, dass wir immer großen Wert darauf gelegt haben, uns liebevoll voneinander zu verabschieden, weiß ich doch jetzt, dass es auch für immer sein kann. Seit diesem Tage weiß ich, wie wichtig Worte sein können, wie wertvoll Erinnerungen sind. Ich bin wieder im Leben angekommen und kann mittlerweile nicht nur in Trauer zurückblicken, sondern in liebevoller Erinnerung. Mein Leben hat sich seitdem verändert, Kleinigkeiten wie ein wunderschöner Sonnenaufgang, ein Schmetterling, die ersten Knospen an den Bäumen – einfach die vielen Dinge, die man nicht kaufen kann, die man vorher nicht wahrgenommen hat, schätze ich jetzt ungemein.

ANNETT ZIMMERMANN, Rathenow

» *Wer vermag, über seinen eigenen* **SCHATTEN** *zu springen, steht mit einem Male im Lichte!* «

Dies ist mein starker Satz, der in meinem Gedichtband »Was ich in meinem Herzen trage« veröffentlicht ist. Am Ostersonntag 2007 ist unser ältester Sohn, Bruder, Enkel tödlich verunglückt und unsere Welt schien all ihr Licht verloren zu haben. Meine Erfahrung ist, dass es meist an uns selber liegt, wenn wir in Not und Kummer zu versinken drohen, weil Grundsätze uns den Weg versperren, daran hindern, Hilfe zuzulassen, Brücken zu schlagen, auf andere Menschen zuzugehen. Sich überwinden, nicht stehen bleiben, im Geiste und im Herzen lebendig bleiben ist ein Schlüssel zum Öffnen von Türen, hinter denen vieles wieder im Lichte erscheint. Mir ist das zunehmend schwerer gefallen, aber wenn ich mich beispielsweise bei meinen Liederabenden doch öffne, über meinen Schatten springe und dann in die Gesichter der Menschen schaue, wird die Welt für mich wieder etwas heller.

ROLF GERMANN, Wiebelskirchen

» Du, MAMA, ›hätte‹ ist doch ein Wort, das eigentlich gar nichts mehr bringt. «

Mit diesem Satz umarmte mich mein jüngster, damals zwölfjähriger Sohn. Vorausgegangen war ein halbes langes quälendes Jahr mit Tränen, Fragen, Vorwürfen und eben »hätte« nach dem Freitod des Ehemanns und des geliebten Vaters. Das ist nun 19 Jahre her.

IRENE SAKOWSKI

» Und SIEHE, es wird alles neu. «

In allen schmerzhaften und glücklichen Stunden meines Lebens und bei den schicksalhaften, tragischen Begebenheiten in 66 Lebensjahren begleitet mich dieser Satz durch die tiefsten seelischen Schluchten. Er zeigte mir immer ein kleines Licht,

85

weit draußen in der Welt; ohne diesen Satz hätte ich den winzigen Funken in der Finsternis der tiefen Trauer wahrlich nicht sehen können. Ich verlor im Alter von 22 Jahren in Düsseldorf, im Jahr 1968 (sic!) meine dreijährige Tochter und meinen 24-jährigen Ehepartner bei einem Verkehrsunfall, den ich als Einzige mit lebensgefährlichen inneren und äußeren Verletzungen überlebte. Lag einige Tage im Koma und musste nach meiner Genesung mit meinem einjährigen Baby, das bei dieser kurzen Einkaufsfahrt in Düsseldorf nicht dabei war, weiterleben. Diese Kurzfassung einer persönlichen Tragödie ist wichtig zu kennen, um die Bedeutung dieses Satzes für mich zu verstehen. Nach vielen Irrungen und Ver-Wirrungen lebe ich heute mit einem sehr speziellen Bewusstsein der Ambivalenz von Leben und Sterben, von Verlust und Loslassen, von Trauer und Glücklichsein. Alles das liegt so nah beieinander…

VERA THOMAS-OHST, Aachen

» Wo DIE ANGST ist, geht's lang…«

Dieser Satz begleitet mich seit 20 Jahren. Damals stand ich vor einer schwierigen Entscheidung. Die Trennung von meinem Lebenspartner stand an. Ich dachte, ich sterbe, wenn ich den Schritt gehe und ihm eröffne, dass ich mich trennen möchte. Die zitternde Frage war: Gibt es ein Leben nach der Beziehung? Ich hatte Angst vor der Leere, dem Alleinsein, was sollte ich mit mir an den Wochenenden anfangen? Durchhalten schien weniger schmerzlich als das große Unbekannte. Während sich die Freundinnen rundherum verlobten und ihre Hochzeit planten, würde ich ganz allein dastehen, also nur »halb« existieren und wäre zudem das lebendige Symbol für das Scheitern einer Beziehung. Da kreuzte ein weiser Lehrer meinen Weg und sprach: »Wo die Angst ist, geht's lang.« Zögerlich wagte ich den Schritt und erhielt unzählige »Geschenke« und einen neuen Blick auf mich und die Welt. Seitdem ist der Satz zu meinem Lebensmotto geworden und hat mir geholfen, so manchen Elefanten in eine Mücke zu verwandeln.

ANNETTE VORPAHL, Bad Homburg

HUMOR

HUMOR

HUMOR

HUMOR

HUMOR

Humor

Humor

HUMOR

Humor

Humor

HUMOR

Humor

Humor

Martin Luther hat einmal gesagt, das Evangelium könne nur mit Humor gepredigt werden. Und so oft ist das ja wahr: Wenn wir über uns selbst lächeln können, wird die Lebenszusage Gottes erfahrbar. Der Liederdichter Philipp Spitta sprach von »Glaubensheiterkeit«. Schön ist es, wenn sie spürbar wird und der Protestantismus nicht sein humorlos-grimmiges Gesicht zeigt.

Mich bedrückt manches Mal, wie wenig spürbar ist, dass Glaube lebensfroh sein kann. Wenn mich ein Gottesdienst berührt, mich bestärkt für den Alltag der Welt, kann ich beschwingt und ermutigt zurückgehen in diesen Alltag. Da darf doch auch gelacht werden und Klatschen ist kein Tabu! »Fröhlich soll mein Herze springen«, wie es ein Kirchenlied ausdrückt – das darf ja auch erfahrbar sein.

Der Philosoph Friedrich Nietzsche soll einmal gesagt haben, er könne ja an den Erlöser glauben, wenn die Christen etwas erlöster aussehen würden. Das finde ich eine wunderbare Herausforderung! Wir glauben schließlich nicht an den verstorbenen Jesus, sondern an den auferstandenen Christus. Davon zeugen die folgenden Sätze, seien sie von Heinrich Heine, der Tochter, einem Freund, dem Vater, einem Designer oder schlicht einem Kalenderblatt entliehen.

> *» Ich kann sehen, hören, sprechen,*
> *schreiben, riechen, schmecken,*
> *denken, fühlen, gehen –* **WOW!** *«*

Die Geschichte zu meinem starken Satz? Sie könnte heißen: Leben lieben. Ist er denn so stark, der Satz? Oder ist es Anstoß und Freude, für diese chrismon-Aktion ein kurzes Dankeschön ans Leben zu texten? Ist ja nicht so selbstverständlich: klar sehen, herrlich hören, beliebig kommunizieren, genüsslich schnuppern, bewusst schmecken, frei denken, fein fühlen, allzeit gehen können. Ganz schön Premium, finde ich.

ANDREAS SEBASTIAN MÜLLER, München

> *» Immerhin!* **MICH WIRD UMGEBEN**
> *Gotteshimmel, dort wie hier. «*

Der Satz begegnete mir in Paris und findet sich dort auf Heinrich Heines Grabstein. Zu meinem eigenen Satz ist er geworden, als vor einer wichtigen Prüfung mein Blick etwas hilflos und haltlos umhertrudelte und dabei auch durch das Fenster in den Himmel fiel. Der Satz drängte sich in diese Situation, verteilte das Gewicht, mit dem diese Prüfung auf mir lag, neu: Für den Himmel da draußen und für den ganzen Rest darunter bin ich doch nicht selbst verantwortlich und nichts von dem da draußen ist von meinem Erfolg in dieser Prüfung abhängig. Egal, wie ich später den Raum verlassen werde – den Himmel hat das nicht in Gefahr gebracht, der wird noch da sein und ich ebenfalls. Die Prüfung fühlte sich damit viel kleiner an und die Welt nicht mehr so zerbrechlich. »Immerhin« meint ja auch nicht »wenigstens«, sondern eher »immerfort«. Das finde ich immer wieder tröstlich, und Heine hätte es bestimmt mit Humor genommen, dass sein Vers für mich zu einem kurzen Gebet geworden ist.

DENNIS KRAMER, Essen

» FYRA – *fyra!* «

Am 16. Oktober 2012 war ich mit meinem samischen Freund Bierra N. im Berliner Olympiastadion beim Fußball-Weltmeisterschafts-Qualifikationsspiel Deutschland gegen Schweden. Bierra N. ist Same (Ursprungsbevölkerung Nordeuropas), aber schwedischer Staatsbürger – und Fußballnarr! Wir saßen mitten in der Fankurve des Fanclubs der Deutschen Nationalmannschaft. Nach etwa zehn Minuten stand es 1 : 0 für Deutschland, zur Halbzeit 3 : 0 – und kurz nach Wiederanpfiff nach der Halbzeitpause 4 : 0. Bierra N. wurde immer stiller, während um ihn herum die Deutschen sangen und jubelten. Teilweise waren es auch recht herabwürdigende Sprechchöre, die sich die Schweden anhören mussten. Doch dann fielen in den letzten 30 Minuten, in nur einer halben Stunde, die vier Gegentore der Schweden! Bis zum Ausgleichstor in der allerletzten Sekunde der Nachspielzeit! Fassungslosigkeit bei deutschen Spielern, Trainern und Zuschauern – Freude, Stolz und Jubel bei den Schweden! »Fyra – fyra!« – auf Deutsch: vier zu vier! Das wird fortan der Ruf aller sein, die im Leben (oder im Sport) scheinbar hoffnungslos zurückliegen. Denkt an das Vier-zu-vier in Berlin! Auch wenn du glaubst, nicht mehr gewinnen zu können, lohnt es sich noch immer aufzustehen, hinauszugehen – und zu leben! Ich habe mir auf ein altes T-Shirt »4 : 4« gemalt.

HANS-JOACHIM GRUDA, Berlin-Hermsdorf

» Sie werden seine Leiche noch vor MEINEM ZELT vorübertragen. «

In einer Krise, vor allem wenn mich jemand sehr schlimm geärgert hat, kommt mir zu meinem Bedauern unwillkürlich dieser Satz in den Sinn, den mein verstorbener Vater in solchen Fällen zitierte. Es handelt sich offensichtlich um ein arabisches Sprichwort, das seine beduinische Herkunft verrät. Wenn mir dieser Satz einmal durch den Kopf geschossen ist, schäme ich mich furchtbar für meine verbale Gewaltfantasie und finde in aller Regel, dass der oder die Betreffende doch nicht so schlimm ist. Und natürlich weiterleben soll. Dann stelle ich mir in aller Regel vor, ihn oder sie zum Tee in ein Beduinenzelt einzuladen und dadurch so zu verblüffen, dass sich eine nachhaltige Besserung unseres Verhältnisses ergibt. Außerdem nehme ich mir immer einmal vor, einen Beduinen zu fragen, ob es dieses Sprichwort wirklich gibt – oder ob es sich um einen Einfall meines Vaters handelt. Auch das ist nicht ausgeschlossen: Triebabfuhr durch Erfindung von angeblich uralten Sprichwörtern.

PROF. CHRISTOPH MARKSCHIES, Berlin

» When **TOO PERFECT,** *lieber Gott böse.* «

Ich fand diesen Satz von Nam June Paik in einer Infomappe in einer Ferienwohnung. Seit diesem Moment ist es »mein« Satz. Mein Perfektionismus hatte mich immer unter Druck gesetzt. Es fiel mir schwer, mich zu mögen. Ich darf, ja, ich sollte sogar unperfekt sein: Was für eine Erleichterung! Mein Satz macht mich stark, weil er mir hilft, schwach zu werden.

ANNE SCHRÖDER-GREVE, Seevetal

» *Her mit dem* **SCHÖNEN** *Leben!* «

Erstmals begegnete ich meinem Satz auf einem chrismon-Kalenderblatt: Es zeigt eine Ziegelsteinmauer mit diesen Worten darauf. Im Sommer 2009

93

fuhr ich nach Rügen. Mir saß noch die monatelange Jobsuche in den Knochen, es war bisher kein einfaches Jahr. Ich plante einen Ausflug, entlang des Boddens wollte ich nach Prora laufen – nur war meine Karte nicht detailliert genug, sodass ich schließlich im Unterholz im Wald landete. Ich hatte die Orientierung verloren und rannte streckenweise vor Panik… Dann die Erlösung: Ich entdeckte Reifenspuren und folgte diesen, bis ich auf einen Parkplatz stieß, nicht weit von Prora. Am Strand lief ich zurück und näherte mich einer Mauer aus Ziegelsteinen. Als der darauf gesprayte Schriftzug für mich lesbar war, rief ich laut aus: »Das gibt's doch nicht, ich werd' verrückt!« Es war die gleiche Mauer, die ich schon von dem Kalenderblatt her kannte. Nach den vielen mühevollen Monaten und dem Abenteuermarsch an diesem Tag war der Satz auf der Mauer wie eine Offenbarung für mich: »Her mit dem schönen Leben!« Diese Worte habe ich zu meinem Motto gemacht. Das schöne Leben ist möglich, ich darf es mir nehmen.

OLIVIA PINNA, München

» Wer **LACHT,** *hat Reserven!*«

Als ich neun Jahre alt war, starb mein Vater, und als ich nach geraumer Zeit mit meinen Freunden das erste Mal wieder lachte, hatte ich ein schlechtes Gewissen. Erst heute weiß ich, dass ich das Schlimmste damals überwunden hatte. Viele Jahre später begegnete mir dieser Spruch und ich erinnerte mich. Privat und beruflich werbe ich immer um Humor und Lachen, um Kraft auszudrücken.

KARL-HEINZ PETERSEN, Stadt Wehlen/Pötzscha

» *Gras* WÄCHST NICHT SCHNELLER, *wenn man daran zieht.* «

Immer wenn sich Hektik und Druck im Alltag zum Stress bündeln wollen, atme ich einmal tief durch und sage langsam und laut das afrikanische Sprichwort: »Gras wächst nicht schneller, wenn man daran zieht.« Dann tue ich das Meinige in Ruhe. So konnte ich das Wort »Stress« weitgehend aus meinem aktiven Wortschatz streichen.

CORNELIA ANKEN, Frankfurt

» *Das* STÖRT DOCH *keinen großen Geist.* «

Es ist das Motto von Karlsson vom Dach, dem kleinen dicken Mann mit einem Propeller auf dem Rücken, einer der unvergleichlichen Figuren aus der Fantasiewelt Astrid Lindgrens. Karlsson benutzt diesen Satz immer dann, wenn er selbst einen Schabernack oder Schaden zu verantworten hat und so

95

versucht, dem grollenden Geschädigten den Wind aus den Segeln zu nehmen. Für mich ist dieser starke Satz zum einen mit der Erinnerung an die Lektüre dieser zeitlos-wunderbaren Kinderbücher verbunden, zum anderen erinnert er mich oft daran, dass ich vieles, das im Leben danebengeht, nicht so schwer nehmen muss.

ANGELIKA RÜGER, Göttingen

» Versuchungen soll man nicht WIDERSTEHEN, sie kommen nicht wieder. «

Dieser Satz von Oscar Wilde hat mir einmal sehr geholfen, schwach zu werden, als ich – na ja, das ist nun sehr privat …

H. E., Göttingen

» Man muss nicht ALLES verstehen wollen. «

Vater pflegte diesen Satz amüsiert, resigniert oder gelangweilt in Situationen zu sagen, wenn politische Entscheidungen im deutlichen Gegensatz zu seiner Auffassung getroffen wurden, wenn Diskussionen mit für ihn ganz unverständlichen Begründungen festgefahren waren oder ihn nicht sonderlich interessierten. Aber der Satz passte zum Beispiel auch auf komplizierte technische Gebrauchsanweisungen, die er beiseite schob mit der Begründung, der Junge (das war ich) kann das viel besser!

JÜRGEN BECKMANN, Rosenfeld

» Alle sagten: Das geht nicht! Dann kam einer, der das nicht wusste, und hat's EINFACH GEMACHT. «

Diesen Satz schickte mir meine Tochter neulich kommentarlos per E-Mail. Da ich mich jetzt mit 60 Jahren entscheiden muss zwischen Arbeitslosigkeit oder einer neuen beruflichen Herausforderung, macht mich dieser Satz stark. Und ob es geht!

MARIETHERES BEUSTER

» Eigentlich hätte ich schon an der letzten Haltestelle raus gemusst, aber DAS GESPRÄCH hat mir so gut gefallen, dass ich es nicht unterbrechen wollte. «

Vor zwei Monaten fuhr ich mit der S-Bahn in die Stadt. Nachdem ich eine Station gefahren war, setzte sich ein Mann neben mich. Ich musterte ihn, denn er erschien mir fremder als die anderen Fahrgäste. Dabei fiel mir ein Ring mit der Jakobsmuschel auf. Ich arbeitete zu der Zeit in der Schule an einem Projekt, welches sich mit den verschiedenen Facetten des Pil-

97

gerns befasste. Folglich war ich geradezu erpicht auf die Geschichte hinter dem Ring, traute mich jedoch nicht, den Mann darauf anzusprechen. Ich benötigte sieben geschlagene Stationen, um mit mir darum zu ringen. Als ich ihn ansprach, war plötzlich alles Fremde verschwunden, das Gespräch nahm rasch Fahrt auf und wir kamen vom Pilgern über die Moral zur Pädagogik. Leider musste ich mich dann zum Aussteigen verabschieden, doch er sagte mir noch: »Eigentlich hätte ich schon an der letzten Haltestelle raus gemusst, aber das Gespräch hat mir so gut gefallen, dass ich es nicht unterbrechen wollte – ich wünsche Ihnen weiterhin noch viel Erfolg!« Dieser Satz hat mich durch den restlichen Tag und die gesamte folgende Woche getragen.

ANONYM, Köln

» Gott hat uns EIN GESICHT GEGEBEN, lächeln müssen wir schon selbst!«

Ich habe diesen Satz mal irgendwo ausgeschnitten und es stand nicht dabei, von wem er kommt. Auf jeden Fall hängt dieser Zettel seitdem an meinem Kühlschrank. Manchmal möchte ich ihn kopieren und als Handzettel verteilen, in der Straßenbahn, in der Schlange an der Kasse, im Wartezimmer beim Arzt, eigentlich überall.

HANNELORE MEHNERT, Brühl

» Leben IST ZEICHNEN ohne Radiergummi. «

Es gibt keine Geschichte dazu. Der Satz erinnert mich nur immer dran, dass im Leben nichts ganz und gar perfekt sein kann (oder muss) – und dass es nicht nur mir alleine so geht.

DOROTHE EIFLER-FORBERG

» Man muss die Menschen nehmen, WIE SIE SIND, denn es gibt keine anderen. «

Da ich im Beschwerdemanagement arbeite, habe ich leider oft den ganzen Tag mit sehr negativen Menschen zu tun, und dieser Satz hilft mir dann immer.

SYLVIA SCHERR

ERMUTIGUNG

ERMUTIGUNG

Ermutigung

ERMUTIGUNG

Ermutigung

ERMUTIGUNG

ERMUTIGUNG

Ermutigung

ERMUTIGUNG

ERMUTIGUNG

*B*ei all den starken Sätzen, die ich lesen durfte, waren die meisten Sätze der Ermutigung. Wir brauchen es im Leben wohl, vor allem ermutigt zu werden. Allzu oft geraten wir in Sackgassen, in Abgründe gar, und wissen nicht weiter. Dann können Sätze wie Anker sein, an denen wir uns festhalten, damit wir noch wissen, wer wir sind, und den Halt nicht völlig verlieren.

Im Folgenden beschreiben viele Menschen Krisensituationen, berufliche Herausforderungen und auch ganz persönliche Entscheidungen, die das Leben manchmal von einem Menschen fordert. Eine solche Lage kann dramatisch werden, uferlos, völlig unübersichtlich. »Mach was draus« ist das Signal, das einen Mann durch Zufall erreichte. Und dieses Signal scheint mir ein Motto für das gesamte Kapitel: keine Angst haben, nicht mutlos werden, aufstehen und das Leben annehmen mit allen Höhen und Tiefen.

Die Bibel ermutigt mich immer wieder dazu. Denn sie erzählt nicht Geschichten von makellosen Menschen mit einem perfekten Leben, sondern von Menschen, die ringen: um den richtigen Weg, mit ihrem Glauben. So ist die Bibel für mich insgesamt ein Buch der Ermutigung.

>> *Wo kämen wir hin, wenn alle sagten,*
WO KÄMEN WIR HIN, *und niemand ginge, um einmal zu schauen, wohin man käme, wenn man ginge.* «

Stark zu sein gegenüber den globalen Problemen (Gesellschaft, Umwelt, Natur, Ressourcen, Zukunft Erde), macht mir dieser Satz von Kurt Marti Mut in christlicher Verantwortung.

SIEGFRIED HASS, Preetz

>> *Sei* **NICHT TRAURIG KIND,** *morgen fangen wieder 100 neue Jahre an.* «

Als ich einmal mit acht Jahren tieftraurig aus der Schule nach Hause kam, sagte mir meine Oma diese Worte. Meine Großmutter starb, als ich 13 war. Dieser Satz hat mich als Ermutigung ein Leben lang begleitet.

HERMINE KRANZ, Marburg

>> *Nicht müde werden / sondern* **DEM WUNDER** *leise / wie einem Vogel / die Hand hinhalten.* «

In diesen Zeilen der Dichterin Hilde Domin verbinden sich für mich Zärtlichkeit und Mut, Hingabe und Behutsamkeit, Geduld und Staunen in einer einzigen wunderbar gelassenen, unaufdringlichen und schlichten Geste. Wenn ich meine, dass nichts mehr geht, dann erkenne ich in dieser Geste eine tiefe Kraft. Und wenn ich meine, dass alles geht, dann erkenne ich in dieser Geste eine tiefe Demut.

SUSANNE BRANDT, Flensburg

» *Wenn* **GRÜTZE,** *dann Grütze!* «

Diesen Satz hat mir mein Religionslehrer vor etwa 35 Jahren mit auf den Weg gegeben. Er trug mich durch viele Nachtdienste als Studentin und später als Ärztin im Krankenhaus. Heute hilft er mir immer noch, wenn etwas ansteht, das nicht zu ändern ist, sei es eine wichtige Entscheidung, eine seit Wochen unerledigte Arbeit (Steuererklärung…) oder einfach nur ein Ausgebremstwerden im Stau auf der Autobahn.

DR. EDITH EIFLER, Grafschaft-Birresdorf

» *Macht nichts!* «

Ich hörte meinen starken Satz in einer Trierer Studentenkneipe, wo ich vor langen Jahren versuchte, das Ergebnis einer für mich erfolglosen Klausur zu verarbeiten. Zuerst war ich verblüfft. Lässt sich so eine akademische Katastrophe verarbeiten? Ist der gefühlte Untergang einer Bildungsniederlage vielleicht doch nicht so dramatisch? Leichtigkeit war mir damals noch nicht zu eigen. Ich war verärgert, ich war selber schuld, es war nicht schön. Die Bedeutung des »Macht nichts!« erschloss sich mir erst in der Zeit danach. Die Einstellung, die dem Satz innewohnt, ist sehr fehlertolerant. Man kann mit Fehlern leben. Das Leben geht weiter. Fehler sind unausweichlich. Sie gehören zum Leben. Fehler zu verzeihen, war etwas, das ich lernen konnte. Seither begleitet mich dieser Satz durch mein Leben. In Tiefen habe ich ein abmilderndes Leitmotiv. So kann ich mich bis heute bei Fehlgriffen und Misserfolgen immer noch gut fühlen. Und ich fühle mich geistig vorbereitet auf die Fehler, die noch kommen werden.

MARKUS MOSCHELL, Berlin

»*Was* **WÜRDE JESUS** *dazu sagen?*«

In den fünfziger Jahren, als es um Wiederaufrüstung und Wiederbewaffnung Deutschlands ging, erhob Pastor Martin Niemöller seine Stimme. Wir luden ihn ein, in unserer großen Stadtkirche zu predigen und Vorträge zu halten. Über Jahre hinweg war er Freund unseres Hauses und oft Gast in unserer Familie. Beeindruckend für mich war sein häufiger Ausspruch »Was würde Jesus dazu sagen«, der auch mir zur Richtschnur für mein Tun und Lassen wurde.

KARL HERTEL, Freudenstadt

> *» Ich bin Leben,* **DAS LEBEN WILL,** *inmitten von Leben, das leben will. «*

In Krisenzeiten (Tod eines Angehörigen, schwere Erkrankung und so weiter) hat mich dieser Satz von Albert Schweitzer immer daran erinnert, dass das Leben mit all seinen Höhen und Tiefen ein Geschenk ist, das wir schätzen müssen.

ANKE ÖSTERHELD

> *» Gott, gib mir die Gelassenheit, Dinge hinzunehmen, die ich nicht ändern kann, den Mut,* **DINGE ZU ÄNDERN,** *die ich ändern kann, und die Weisheit, das eine vom anderen zu unterscheiden. «*

Ich bin seit sechs Jahren Bürgermeisterin einer etwa 14 000 einwohnerstarken Gemeinde in Niedersachsen. Eine 60-Stunden-Woche ist die Regel und ich habe Mann, zwei Kinder und einen Hund. Manchmal denke ich, wie soll ich alles schaffen? Aber dieser Satz, der vermutlich von Reinhold Niebuhr stammt, begleitet mich in vielen Situationen – nahezu täglich ist er in meinem Kopf. Er hilft mir vor allem bei meiner Arbeit, meine Fähigkeiten so einzusetzen, dass ich wirklich etwas bewegen kann. Mich davor zu schützen, Kräfte zu verschwenden, wo es keinen

105

Sinn ergibt, und meine Energie für Aufgaben einzusetzen, die wirklich wichtig sind. Man kann nicht alles schaffen, und man sollte daran nicht verzweifeln oder resignieren. Wenn man dieses Motto beherzigt, gelingt vieles – und alles fällt leichter.

DANIELA KÖSTERS, Emlichheim

»Say WELCOME to whatever happens next…«

Dieses Zitat von John Cage begegnete mir kurz nach dem plötzlichen Tod meines Mannes. Was für eine Zumutung, was für eine Unverschämtheit, was für ein Ansinnen… Trotzdem schrieb ich mir diesen Satz in mein Zitatenbuch. Auch heute noch holen mich oft Schmerz und Trauer ein; auch leide und empöre ich mich zunehmend über die Ungerechtigkeit auf der Welt, über das ungezügelte Konsumverhalten des Westens, die nimmersatte Gier der Reichen. Ich will mich damit nicht abfinden. Und trotzdem taucht aus den Tiefen des Unterbewussten immer wieder dieser Satz auf. Scheinbar ein Widerspruch, ein Widerspruch zu allem, was ich lebe, was mir wichtig ist. Aber doch nur scheinbar ein Widerspruch. Denn dieser Satz sagt mir auch: Setze dich mit dem auseinander, was ist, gehe aktiv damit um, mache aus allem, was dir begegnet, das Beste, sieh es als Herausforderung; das ist DEINE Aufgabe, es ist DEIN Weg. Und so verwandelt sich die Zumutung in Mut, in Mut, mit dem Leben umzugehen, so wie es nun mal ist. Aber: Es bleibt eine Zumutung…

SILVIA RIENHARDT, Stuttgart

» *Wie kann es mir gut gehen, solange es* **MEINEM BRUDER** *schlecht geht.* «

Weil ich als Lehrer in einem sozialen Brennpunkt arbeite, bin ich jeden Tag mit Armut konfrontiert. Der Satz stammt von Yusuf Islam, alias Cat Stevens, dem Musik-Weltstar aus den 1970er Jahren, der sich schon vor vielen Jahren zum Islam bekannt hat. Ein starker Spruch, weil er kein Schlupfloch lässt, die eigene Passivität in Sachen sozialer Ungerechtigkeit zu rechtfertigen. Wenn ich nach Hause komme, in einen Stadtteil, in dem vornehmlich Privilegierte wohnen, lässt mich dieser Spruch nicht mehr los. Die Saturiertheit der Leute hier, mich eingeschlossen, kann ich immer schwerer ertragen. Ich weiß jetzt, warum!

J. G., Hamburg

» *Geh* **DEINEN WEG** *und lass die Leute reden.* «

»Vier Wochen Afrika? Ganz alleine, als Frau? Überfälle, Gewalt, Terrorismus, Malaria, Dengue-Fieber und Sex-Tourismus – das ist doch Wahnsinn! Und außerdem – du kannst doch nicht deine Familie einfach vier

Wochen alleine lassen!« Mein ganzes Leben lang war ich ängstlich gewesen, von engen und strengen Vorstellungen geprägt. Viel zu lange hatte ich auf die Meinung der anderen gehört. War davon krank geworden. Und jetzt Afrika, dieser Lockruf der Freiheit… »Geh deinen Weg und lass die Leute reden« – seit langen Jahren klebt diese uralte Ermunterung, verfasst von Dante Alighieri, als Therapieangebot an meiner Arbeitszimmertür. Diesmal folgte ich ihrem Ruf und hörte auf meine innere Stimme – und siehe da, ich war in Afrika als Volontärin in einer kenianischen Buschschule, habe in leuchtende Kinderaugen geblickt, bezaubernde Menschen und eine fremde Kultur hautnah kennengelernt, bin weder entführt noch infiziert worden, sondern gesund und voller Energie nach Hause zurückgekehrt – dank Dante Alighieri.

CLAUDIA RAPSCH, Fichtenwalde/Beelitz

» Solange **ICH ATME,** *kann ich in meinem Leben etwas ändern!* «

Es sind nicht die großen Tragödien, sondern die kleinen täglichen Nackenschläge des Lebens, die mutlos und traurig machen. Die unbezahlten Rechnungen, der gefährdete Job, der Streit mit dem Nachbarn. Nachrichten von Kriegen, von verwahrlosten Kindern, einsamen Alten oder gequälten Tieren, denen man fassungslos gegenübersteht. Zu müde, zu kraftlos, um weiterzukämpfen. Und es bedarf oft nur einer Kleinigkeit, um neue Kraft zu schöpfen: Geschichten von Menschen, die sich trotz aller miesen Umstände durchbeißen. Ein sonniger Tag. Wundervolle Musik. Das Wort eines Freundes: Wir schaffen das! Und die Gewissheit: So lange ich atme, kann ich in meinem Leben etwas ändern!

MECHTHILD SCHULZ

» *You are* BEAUTIFUL …
… *to me.* «

Dieses Graffiti ziert eine Hauswand in der Nachbarschaft. Als ich den Satz das erste Mal entdeckte, kamen mir fast die Tränen. Da ist irgendjemand, der einfach so sagt: »Du bist schön!« – unabhängig davon, was andere sagen, was ich selber denke und was die Medien in einer vom »Schönheitswahn« geprägten Gesellschaft suggerieren.

JOHANNES S., Tübingen

» *Manche* WEGE ENTSTEHEN,
wenn man sie geht. «

Dieser Franz Kafka zugeschriebene Satz beflügelt, beschwingt, ermutigt und stärkt mich immer wieder. Der Fuß schwebt noch über dem Nichts – und

109

ich scheue mich, einen Schritt zu machen, doch beim vertrauensvollen Absetzen, beim Schritt nach vorn entsteht erst der Grund, von dem aus der nächste Schritt getan werden kann: Plötzlich ist ein Weg da.

VERENA VON HEEREMAN, Mainz

» *Du,* MIN DEERN, *kannst das!* «

Vaters Worte, mal ruhig, manchmal energisch mit einem Knuff bekräftigt, haben mich begleitet. Als Schülerin, die keine Mathe-Liebhaberin war, bei meiner Laufstegpremiere mit Riesenlampenfieber bis zum spannenden Job in der Chefetage – dieser Satz gab mir Mut zu wagen.

ELKE QUITZAU

» MACH WAS *draus.* «

Ein handschriftlicher Eintrag mit blauer Tinte in eine geschenkte Broschüre mit dem Vortrag »Probleme der Lyrik« von Gottfried Benn, gehalten in der Universität Marburg am 21. August 1951. Der Eintrag geschah etwa 1957 in Freiburg im Breisgau im dortigen Theater am Wallgraben, wohin ich mein erstes Theaterstück geschickt hatte. Der Schenker hieß Claus Günther und war der Intendant, Lektor, Regisseur. Dieser Satz prägte seither mein ganzes Handeln, vor allem meine

Schreiberei. Gemeint sind die Einfälle, die Ideen, die Begegnungen, die Lektüren, die für mich als Autodidakt besonders wichtig waren. Und sind.

WILHELM KARL KÖNIG, Reutlingen

» *Gott* **GIBT DIE NÜSSE,**
aber er bricht sie nicht auf. «

Falls es manchmal knifflig wird, ich fast schon am Kapitulieren bin, gibt mir dieser Satz von Goethe den nötigen Ansporn und Ehrgeiz zurück, um nicht aufzugeben.

ANDREA S., Nördlingen

» *Nichts macht uns* **FEIGER** *und gewissenloser als der Wunsch, von allen geliebt zu werden.* «

Dieser Satz, der mich damals als junger Pfarrer, der 1984 29-jährig seine erste Stelle in einer Kirchengemeinde im Odenwald antrat, stark gemacht hat, stammt von Marie von Ebner Eschenbach. Mein Vorgänger hatte eine ausgezeichnete Arbeit gemacht und ich wusste nicht, wo anfangen, wie mein eigenes Profil entdecken und vor allem, wie nach außen zeigen? Kurz: Ich war wie ein Blatt im Wind und wie Wachs in den Händen derer, die mir ihre Anforderungen und Vorstellungen, wie ein Pfarrer zu sein hat, überstülpten. Dann fiel mir bei einer Fortbildung jener Satz in die Hand. Der hat mir geholfen, von da an aufrecht im Pfarramt zu gehen. Ecken und Kanten zu zeigen und dazu zu stehen. Und seit dieser Zeit steht der Satz eingerahmt auf meinem Schreibtisch – immer im Blickfeld…

OTTMAR ARND, Neunkirchen im Odenwald

» Von **MUT IST DEMUT** die höchste Form. «

Mein Vater ist 1944 aus der Kirche ausgetreten – Protest. Die Gründe dürften bekannt sein. Heftige Diskussionen zwischen ihm und unserem Pfarrer (ich war gerade eingeschult). Und doch wurden wir Kinder (ich 1951) konfirmiert! Wir sollten mit der Religion aufwachsen – was wir später mal daraus machen, sei unsere Sache – Punkt. »Mein« Pastor (in Waldenburg/Sachsen) gab mir folgenden Satz mit: »Von Mut ist Demut die höchste Form.« Bis zum heutigen Tage stärkt er mich.

S. V., Norderstedt

» Rusz **DUPE**. «

Mein Leitsatz ist so derb, wie Martin Luther gern formulierte: »Rusz dupe.« Das ist polnisch und heißt übersetzt »Bewege deinen Arsch.« Erfolgstrainer Jürgen Klopp ruft es über den Platz gern seinen polnischen Spielern zu. Es bedeutet: Nur wenn wir uns bewegen, können wir etwas bewegen. Es gibt keinen Grund, auf Gott zu warten. Vielleicht hat er gerade etwas anderes zu tun oder denkt sich: »Rusz dupe.« Die Freiheit des Christenmenschen besteht darin, sein Schicksal selbst in die Hand zu nehmen. Sie wurde ihm nicht geschenkt. Er hat sie sich ausgangs des Mittelalters gegen Adel und Kirche selbst erkämpft. Also: »Rusz dupe.«

MICHAEL KLINKSIEK, Frankfurt am Main

» *Es ist keine Schande hinzufallen, aber es ist* **EINE SCHANDE,** *einfach liegen zu bleiben.* «

Manche Menschen finden dieses Zitat von Theodor Heuss arrogant. Mag sein, dass es Lebensumstände gibt, die einen Menschen vielleicht nicht wieder aufstehen lassen. Mir hat sein Zitat schon geholfen, sei es beim Sport, im Beruf oder Alltag. Ich interpretiere es für mich so: Leben bedeutet auch, Fehler machen zu dürfen oder Niederlagen einstecken zu müssen. Deshalb darf man nicht an sich selbst (ver-) zweifeln oder sich aufgeben. Aber daraus zu lernen und die Chance zu ergreifen, etwas anders, besser, neu oder wieder gut zu machen, die darf/sollte man nicht verstreichen lassen. Und hat man die Chance dann genutzt, ist man stärker als zuvor. Ich denke,

113

es lohnt sich immer, denn das Leben ist viel zu groß-
und einzigartig.

MARTINA HABNER-KEIFFENHEIM, Saulheim

» *Versuch* **DIE WELT EIN STÜCK** *besser zu hinterlassen, als du sie vorgefunden hast.* «

Dies ist das Vermächtnis von Robert Baden-Powell,
dem Gründer der Weltpfadfinderbewegung. Dieser
Satz ist mein Lebensmotto, spätestens seit ich mit
dem 14. Lebensjahr selbst Pfadfinder geworden bin.
Wobei das Pfadfindersein an sich schon eine Lebens-
einstellung ist. Die Erinnerung daran ist die tägliche
gute Tat, die man vielleicht nicht allzu wörtlich nehmen sollte, weil dann ja auch schnell eine »falsche
Zufriedenheit« eintreten kann.

MICHAEL HERMANN, Bottrop

» *Lebe bunt,* **WILD UND UNERSÄTTLICH!** «

Besonders im Moment, in meinem letzten Schuljahr,
in dem so vieles neu ist und ich immer mehr über
meine Zukunft nachdenken muss und wie ich sie gestalten möchte, denke ich häufig an einen Satz meiner
älteren Cousine: »Lebe bunt, wild und unersättlich!«
Sie schrieb ihn mir zur Konfirmation 2009 auf. Seitdem ist er für mich mehr als nur ein Satz. Er hat mich

als Motto begleitet und beflügelt und wird das hoffentlich mein restliches Leben lang tun – und er erinnert mich an unbeschwerte Tage, muntert mich auf. Es ist unglaublich, in nur fünf Worten werden Hoffnung, Freude und Mut ausgedrückt! Ich möchte nicht verlernen, so bunt, wild und unersättlich zu leben – ganz egal, für welche Zukunft ich mich entscheide.

JULIA NYMOEN

» *Nur einmal machst du diese Reise, lass* EINE GUTE SPUR *zurück.* «

Dieser starke Satz stammt von meiner Mutter (1892–1954). Sie hat ihn nicht nur gesagt, sondern danach gelebt. Sie hatte ein unsäglich schweres Leben, hat aber nie den Mut verloren. Das hat mich durch mein ganzes Leben bis heute (mein 85. Lebensjahr) begleitet. Deshalb möchte ich den Satz gerne vielen Menschen weitergeben.

PROF. MARGARETE DÖRR, Oberstenfeld

» *Seien wir realistisch,* VERSUCHEN WIR *das Unmögliche.* «

An diesen Satz von Ernesto Che Guevara erinnere ich mich immer wieder. Er hilft mir jedesmal gegen die Angst des Ungewissen und lässt mich immer wieder realistisch daran festhalten, dass man auch das scheinbar Unmögliche weiter versuchen muss – und damit nicht alleine ist. Denn der Traum von Gleichheit und Gerechtigkeit ist ein immer noch sehr traumhafter Traum!

KATHARINA BERGER, Hamweddel

» *Kinder,* VERSÜNDIGT EUCH NICHT, *unser Herrgott hat alle Menschen lieb.* «

Ein Satz, 1938 ermahnend zu Kindern gesprochen, der sich mir damals eingebrannt hat. Ich war neun Jahre alt, jeden Tag steckte ich mit meinen Freunden zusammen, zwei Brüdern, Nachbarsjungen, und irgendwann in den Tagen nach dem Novemberpogrom ergab sich die Situation, dass wir in Gegenwart von deren Mutter in aller Naivität die antisemitischen Parolen nachbeteten, die wir in den Zeitungen reichlich gelesen hatten, woraufhin die Mutter uns groß ansah und uns mit dem einen Satz zum Schweigen brachte. Daheim hatte ich so etwas noch nicht gehört. Der Gedanke, dass Gott mich »lieb habe«, dass ich gerechtfertigt sei, bewegte und beschäftigte mich. Er hat mir immer wieder Stärke und Widerstandskraft gegeben, bis heute, auch als ich mich der Tatsache nicht mehr verschließen konnte, dass ich schwul bin (in den 50ern und 60ern konnte man deswegen schon verzweifeln!).

ANONYM, Weinheim

» *Eine Gabe ist eine Aufgabe.* «

Den Satz habe ich in einem Buch über Käthe Kollwitz gelesen. Er ist mein Leitsatz, denn er gibt meinem Leben Sinn. Wenn ich mir überlege, warum ich lebe und wozu, dann sage ich mir, dass ich auf Erden bin, um eine Aufgabe zu erfüllen. Gott hat mir bestimmte Gaben als Mittel gegeben. Ich kann besonders gut denken und schreiben, verstehe schwierige Philosophen. Meine Aufgabe ist zu philosophieren, indem ich Bücher schreibe und Kurse gebe. Das passt nicht ganz in unsere heutige Leistungsgesellschaft, in der »sichtbarer Erfolg«, viel Geld verdienen und Karriere zählen. Wenn manche Menschen mir unterstellen, ich würde nichts »Richtiges« arbeiten, tut mir diese Unterstellung zwar weh, ich versuche aber, tapfer zu bleiben und denke an meine Gabe und Aufgabe. Das hilft mir, stark zu bleiben und standhaft meinen Weg zu gehen.

R. T.

» *Das* **SCHAFFST DU** *schon.* «

Dieser Satz der Ermutigung hat meine ganze Kindheit geprägt. Es gibt keine einzelne Geschichte, sondern er spiegelt das Vertrauen meiner Eltern in mich – und war Ermutigung in vielen Situationen. Etwa auf dem Weg zum Abitur, bei dem mir meine Eltern

117

aufgrund ihrer eigenen geringen Schulbildung nicht helfen konnten. »Das schaffst du schon.«

KARIN VORLÄNDER, Nümbrecht

» MUT *tut gut.* «

Meine ältere Schwester hat diesen Satz in ihrer ersten Wohnung in Pink auf eine Zimmerwand gesprüht. Das ist lange her, aber es hat mich damals beeindruckt und mir gleichzeitig gezeigt, dass wohl auch meine Schwester manchmal Mutmachen brauchte. Heute denke ich, es bedeutet manchmal immer noch Mut, zu seiner eigenen Meinung und Überzeugung, ja, auch zu seinem Glauben zu stehen und diese mitunter auch kundzutun; nicht unbedingt laut, aber bestimmt.

EVA STADELMANN, Günzburg

» *Ich bin wer und* ICH KANN WAS! «

Ich unterrichte seit Jahren in einer Mittelschule in Würzburg und bin in diesem Jahr Klassenleitung meiner Abschlussklasse 9. Über die sich ändernde Entwicklung unserer Jugendlichen zu sprechen, ist hier sicher nicht die richtige Plattform. Vielleicht aber die Möglichkeit, einen Anstoß zum Nachdenken zu geben. Leider stehen gerade unsere Schüler immer unter dem Druck, sich behaupten zu müssen, denn der Ruf eilt ihnen voraus, besonders schlimm zu sein. Das oft fehlende Selbstbewusstsein und die Perspektivlosigkeit versuchen sie manchmal durch lautes Gehabe oder entsprechenden Wortschatz zu kompensieren. Fühlen sie sich ernst genommen, lassen sie sich entsprechend verstärken und fassen mehr Mut. Mit unserem Leitspruch »Ich bin wer und ich kann was!«, den wir uns täglich (manchmal laut, manchmal leise) vorsagen, klappt manches viel besser. – Ich bin froh drum!

ELISABETH HABERZETTL, Würzburg

>> *Ich trage meinen Mist auf den* **GOTTESACKER.** *Es wächst in demütiger Gelassenheit Frucht daraus.* «

Dieser Satz, frei formuliert, von Johannes Tauler (etwa 1300–1361) macht mir immer wieder Mut, wenn die Tage dunkler werden und die Natur zum Stillstand kommt. Wenn ich die Natur als Lehrmeister nehme und diesen Übergang bewusst erlebe, kann ich innerlich wachsen. Wenn ich an meine Grenzen gestoßen bin, wenn meine Hoffnungen durchkreuzt wurden, fordert er mich auf, mich liebevoll anzunehmen. Die Natur lehrt uns, dass durch das Lassen neue Kräfte freigesetzt werden. Es ist mir ein Trost, dass Gott mich so annimmt, wie ich bin. Bei Ihm darf ich ein-

119

fach sein. In voller Länge äußert Johannes Tauler seine Gedanken so: »Das Pferd macht den stinkenden Mist im Stall, zieht ihn mit Mühe aufs Feld. Daraus wächst dann schöner Weizen und edler Wein, der niemals wüchse, wäre der Mist nicht da. Also trage deinen Mist mit Mühe und Fleiß auf den Acker des liebreichen Willen Gottes in rechter Gelassenheit deiner selbst. Es wächst ohne Zweifel in einer demütigen Gelassenheit köstliche wohlschmeckende Frucht daraus.« Indem ich meinen Mist annehme, stärke ich mein Selbstwertgefühl, und mein Mist setzt neue Wachstumskräfte auch in mir frei.

JUTTA RAUTENBERG, Leer/Ostfriesland

» Da MUSS ich durch. «

Diesen Satz hörte ich bewusst das erste Mal von meiner im Examen stehenden Tochter. Mir gefiel ihre Mut machende Stärke, die sie noch oft brauchte, um Ehe, Familie, drei Kinder und Beruf zu vereinbaren. Als dann mein Mann starb und ich mich von ihm und vielen liebgewordenen Dingen verabschieden musste, half mir immer wieder dieser Satz beim Loslassen und Neuanfangen: Da muss ich durch. Und als ich in dieser Zeit ein »Engelskärtchen« gezogen hatte, stand darauf »Mut«. Es liegt bis heute auf meinem Schreibtisch.

MARIE-LUISE MERZ, Augsburg

» **MAN WÄCHST** *mit der Aufgabe.* «

Diesen ermutigenden Satz hörte ich manchmal von meiner Schwiegermutter, die sich – unerschrocken und zuversichtlich denkend – daran hielt. Eine starke Frau war sie, die mir auch immer ein bisschen Mut machte. Kriegs- und Nachkriegsjahre waren nicht leicht für sie, die immerhin vier Söhne großgezogen hatte. Leider starb sie 90-jährig vor sechs Jahren. An den Satz denke ich übrigens oft, wenn sich mir ein Problem (in den Weg) stellt.

ANNEMARIE NEITZEL, Gießen

» **GÖNNE DIR** *dich selbst.* «

Ich hörte die Geschichte zu dem Satz in der Therapie in einer Klinik – es war für mich etwas Unglaubliches, an sich zu denken.

GUDRUN PARCHOW

» *Gott,* **LEGE DEINE HÄNDE** *auf meine Schultern…* «

Nach 30 Ehejahren stellte ich fest, dass mein Mann ein Verhältnis mit einer Kollegin hat. Dieses Gebet und ein Handkreuz halfen mir, die Nächte zu überstehen, meinen Mann an die frische Luft zu setzen, das neue Haus zu verlassen und mit 52 Jahren nochmals woanders beruflich neu anzufangen. Dies alles ist schon viele Jahre her. Die Hände auf meinen Schultern spüre ich aber heute noch.

ANONYM

»Mach die AUGEN ZU und spring.«

Der Satz ist der Titel einer Kurzgeschichte von Klaus Kordon, die ich in meiner Kindheit gelesen habe und in der es um eine DDR-Flucht ging. Als ich ungefähr zehn Jahre alt war – wir waren in den Ferien am Meer – ruderten meine Cousine und ich mit dem Schlauchboot ins Meer und kamen immer weiter vom Strand ab. Die Strömung hatte uns erfasst und trieb uns aufs Meer hinaus. Meine Cousine fing an zu weinen. Der Strand war nur noch als ein schmaler Streifen am Horizont zu sehen und um uns herum war alles blau und bedrohlich. Da erinnerte ich mich an den Satz aus dem Buch, nahm die Schnur des Schlauchbootes und sprang ins Wasser. Mit aller Kraft schwamm ich, mit meiner weinenden Cousine im Boot, gegen die Strömung an. Vollkommen entkräftet kam ich am Strand an, wo meine Eltern uns gleich in die Arme schlossen. Bis heute erinnert mich der Satz daran, dass ich mehr schaffen kann, als ich manchmal denke.

 SASKIA H., Bremen

» Tue nicht nur **DAS BESTMÖGLICHE,** sondern tue das Mögliche am besten. «

Mein starker Satz ist ein Zitat, das gemeinhin dem deutschen Chemiker Hans-Jürgen Quadbeck-Seeger zugeschrieben wird. Dieser Satz hat mir persönlich schon häufig vor allem im Berufsleben geholfen, wenn mal wieder von allen Seiten von mir »das Bestmögliche« verlangt wurde. Wer definiert das? Kann ich dem überhaupt gerecht werden? Will ich das? Ich strebe stets danach, das mir Mögliche am besten zu tun. Das ist viel persönlicher, darin sehe ich mich und meine Leistung wieder. Vielleicht schützt mich mein starker Satz zudem vor einem möglichen Ausbrennen und Motivationsverlust. Aus diesem Grund gebe ich ihn auch meinen Referendaren weiter, wenn sie glauben, nur »das Bestmögliche« sei ihrem Ausbilder genug.

M. B., Weinheim

» Mit Sorgen und mit Grämen und mit **SELBSTEIGNER PEIN,** lässt Gott sich gar nichts nehmen, es muss erbeten sein «

Das letzte halbe Jahr vor dem Examen. Habe ich das meiste vergessen? Ich weiß nicht, wie ich das schaffen soll. Und die Nächte mit dem neugeborenen Kind sind auch nicht sehr erholsam. Dann fällt mir

Paul Gerhardts »Befiehl du deine Wege« ein. Ein Zettel, handgeschrieben, der zweite Vers des Liedes darauf, liegt von da an auf meinem Schreibtisch. Und tut mir immer wieder gut. Das liegt schon eine Reihe von Jahren zurück und ist mir doch frisch in Erinnerung. Das Examen habe ich übrigens trotz aller Sorgen bestanden. Und empfinde es als Geschenk. Ja, es ist wohl genau so: Gott lässt sich nichts nehmen. Wie gut!

BERTHOLD KRAFT, Trendelburg

» *Wer sich nicht bewegt, spürt seine* **FESSELN** *nicht.* «

Diesen Satz von Rosa Luxemburg, der mich mein aktives Leben lang immer wieder aufs Neue berührt, predige ich fast schon missionarisch. Ob jung oder alt – diese Einstellung zum Leben, sich immer wieder auf Neues einzulassen, Experimente zu starten oder einfach den Geist wach und neugierig zu halten, sind (über)lebensnotwendig für ein gesundes, zufriedenes Leben. In meiner Vergangenheit saß ich, ohne diese Erkenntnis, gefangen im eigenen Käfig – hilfesuchend und unglücklich. Es war sicher kein leichter, aber ein sich stetig verinnerlichender Prozess, der mich auch heute mit knapp 60 Jahren weiter antreibt und motiviert!

CLAUDIA KÖNIGSMANN, Straßlach

»*Was immer du* ERTRÄUMST, BEGINN *es! Wagnis hat Macht, Genie und Zauberkraft.*«

Von Johann Wolfgang von Goethe stammt mein Lieblingssatz. All meinen Kindern – ich habe fünf, die Älteste ist vor Kurzem volljährig geworden – will ich diesen starken Spruch mit auf den Weg geben. Sie sollen versuchen, ihre Träume zu verwirklichen, sollen herausfinden, was es ist im Leben, das sie glücklich macht. Ja, was immer sie sich erträumen, sollen sie wagen!

STEFFI, Hamburg

»*Drüber reden* HILFT.«

Dieser Satz steht für die »Nummer gegen Kummer e. V.«, bei dem sich über 4000 Ehrenamtliche engagieren, um Kindern und Jugendlichen am Telefon Hilfe zu leisten in alltäglichen, schwierigen und auch extrem schwierigen Situationen. Diesen Satz habe auch ich mir zu eigen gemacht, auch wenn die Umsetzung leider nicht immer gelingt.

ANSGAR HEIDELBACH, Obergünzburg

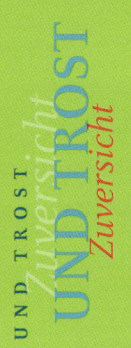

ZUVERSICHT und TROST

Manchmal habe ich den Eindruck, Menschen können heute Schwächen und Brüche kaum noch mitteilen. Dabei sind sie für alle existent. Und wir alle brauchen daher immer wieder Trost. In vielen Zuschriften zu der Frage nach »starken Sätzen« wurde das deutlich.

Trost ist ein Grundthema der Bibel. »Ich will euch trösten, wie einen seine Mutter tröstet« – so spricht der Prophet Jesaja (66,13) von Gott. Das bleibt für mich ein wunderbares Gottesbild. Wenn deine Mutter dich in den Arm nimmt – ein Idealbild, ich weiß –, dann kannst du loslassen, musst nichts bedeuten, vorgeben zu sein, sondern schlicht sein, wie du bist. Auch das ist ein Moment von Freiheit.

In den Zuschriften haben viele dieses Gefühl auf anrührende Weise beschrieben. Eine unverhoffte Schwangerschaft, eine scheinbare Sackgasse, der Verlust der Partnerin, die Frage, wie die Kinder ihren eigenen Weg finden – Trost: Es liegt nicht alles in meiner Hand.

Sich anvertrauen dürfen ist die vielleicht stärkste Erfahrung des Glaubens. Sie birgt die Kraft, mitten in allen Fragen Zuversicht zu finden. Es sind nicht immer meine Wege. Aber Gottes Wege werde ich gehen können. So wächst mit der Erfahrung Gottvertrauen.

> **» Es ist nicht auszudenken, was Gott aus den Bruchstücken UNSERES LEBENS machen kann, wenn wir sie ihm ganz überlassen. «**

Von Blaise Pascal, von dieser Spruchkarte kann ich mich nicht trennen. Bei einer Rückschau meines Lebens fällt mir vieles ein, dass trotz des guten Willens unfertig blieb. Es sind nur Bruchstücke, die ich Gott bringen kann. Ich will dennoch darauf vertrauen, dass es ihm nicht zu schwer ist, daraus am Ende noch ein Ganzes zu machen.

H. H., Chemnitz

> **» Auch wenn morgen die Welt untergeht, würde ich heute noch ein APFELBÄUMCHEN pflanzen! «**

Ich wurde sieben Jahre nach der Geburt unseres zweiten Kindes wieder unverhofft schwanger. Wir wohnten bereits mit unseren zwei Kindern (zehn und sieben Jahre) in einer teuren Drei-Zimmer-Wohnung. Die Wohnung konnten wir kaum bezahlen, da ich auch nicht arbeitete. Ich hatte niemanden für die Kinder! Die Babysachen hatten wir bereits alle verschenkt, und selbst meine Mutter riet mir zu einer Abtreibung. Dann las ich irgendwo diesen Satz von Martin Luther, begann Babysachen zu stricken und zu nähen und richtete ein uraltes Babybettchen aus

dem Familienbestand her, sodass das neue Möbel-
stück perfekt in unser Schlafzimmer passte. Heute
studiert meine jüngste Tochter im dritten Semester
Jura und ich bin mächtig stolz auf sie.

A. B.

» Alles **WIRD GUT** – *irgendwann.* «

Starke Sätze begleiten mich schon immer. Und jetzt
in der Zeit, in der wir unsere Kinder erziehen, noch
mehr. Klare Botschaften wie »Wasser ist kostbar«
beim Spielen am Wasserhahn oder »Alle haben Hunger, alle essen mit« beim Streit um das letzte Stück
Pizza kommen an. »Alles wird gut – irgendwann«
stimmt immer. Das, was manchmal fehlt, ist die Geduld abzuwarten, bis »gut« auch wirklich da ist.

SIMONE MARX, Konstanz

» Die **MITTE DER NACHT** *ist*
der Anfang des Tages. «

In Anlehnung an die Volksweisheit: »Immer wenn
du glaubst, es geht nicht mehr, kommt von irgendwo
ein Lichtlein her«, mit der meine Mutter mich zu ermutigen pflegte, spendete mir ein lieber Mensch mit
meinem starken Satz Kraft und Trost. Nach einem
Verkehrsunfall, bei dem ich beinahe mein Leben ver-

129

loren hätte, folgte ein Schlag nach dem anderen: viele Operationen, um mein Bein zu retten, ein MRSA-Keim, den ich mir im Krankenhaus eingefangen hatte, eine kausale Autoimmunerkrankung – und nun die Berufsunfähigkeit. Es ist nicht immer einfach, zuversichtlich zu bleiben… Meine Frau rahmte mir den Satz in einem Bilderrahmen, sodass ich ihn täglich verinnerliche. Er symbolisiert mir, dass es letztlich auf meine Wahrnehmung und mein Werten der Situation ankommt, und hilft mir, die notwendige Neuorientierung in meinem Leben als Anfang einer zwar anders geplanten, aber dennoch positiven Zukunft zu betrachten.

ANDREAS BERSON, Goch

» *This day is* THE FIRST DAY *of the rest of your life!* «

Meine Freundin hatte mich verlassen. Sie hatte einen anderen jüngeren, smarten Typen einfach besser gefunden. Dies geschah vor etwa 35 Jahren. Ich weiß nicht mehr, wer mir damals den Satz gesagt hat, und wieso er (eine Sie war's glaube ich nicht) ihn auf Englisch gesagt hat. Auf jeden Fall hat dieser Satz mir auf einmal klargemacht, dass das Leben weitergeht und vor allem, dass es eine Zukunft gibt, die es gilt zu erkennen und zu gestalten. Für mich stand dabei auch noch unausgesprochen dahinter, dass ich den

Rest des Lebens bewusster angehen will und dass ich das Leben in allen seinen Facetten akzeptieren und genießen möchte!

J. P., Springe

» Ich sammle DIE FARBEN DER BLÄTTER im Herbst für den langen und kalten Winter. «

In schwierigen Lebenssituationen berufe ich mich immer wieder auf den Satz: dass es schöne Momente und Begegnungen in meinem Leben gab (die Farben des Herbsts), die mich dann daran erinnern, dass es auch nach »einem langen Winter« – wieder Frühling wird. Alles neu erwachen kann.

CLAUDIA T., Sinsheim

» VIELES ist schon ziemlich schön. «

Dieser Satz, den ich in dem Film »Wie im Himmel« hörte, hat mir in Momenten, in denen ich mich selbst völlig infrage gestellt habe, immer wieder geholfen, meinen Blick nicht nur auf das zu richten, was mir fehlt, sondern auf das, was schon da ist. Und wenn ich mir das angeschaut habe, war ich jedesmal erstaunt und froh, denn vieles war »schon ziemlich schön«. Heute brauche ich den Satz nicht mehr so sehr als Halt, er gibt mehr Mut zur Unvollkommenheit, denn wir Menschen können es nie ganz »schön« oder perfekt machen. Es macht mich glücklich und zufrieden, dass ich mein Leben so leben und genießen kann, ohne, dass alles »schön« sein muss. Ich habe immer noch Baustellen in meinem Leben, aber die gehören dazu. Und wenn ich zu viel darin bauen möchte, holt es mich in den Alltag zurück, dass »vieles schon ziemlich schön« ist.

KATHARINA FRIED

» Etwas **BESSERES** als den Tod findest du überall ...«

...sagt der Esel zum Hahn. Ein Satz voll schlichter Hoffnung! Und was tun sie, die vier Tiere in ihrer schier ausweglosen Lebenslage? Sie bilden eine Gemeinschaft, setzen sich ein Ziel – und musizieren! Die Bremer Stadtmusikanten sind meine Krisenhelfer.

I. O.

» Du darfst **DAS SCHEITERN** nicht vorwegnehmen. «

Seit ungefähr neun Jahren begleitet mich dieser Satz. Zum ersten Mal hat ihn jemand zu mir in einem Moment gesagt, als zäh um eine Veränderung gerungen wurde und ich die Hoffnung, es könnte sich noch etwas bewegen, fast aufgegeben hatte. Mit diesem Satz hat sich mir damals eine neue Perspektive eröffnet. Ich war einfach wieder frei, noch einmal ganz neu zu denken. Er hat etwas in meiner Haltung zu Problemen verändert. Jedes Mal, wenn ich wieder in so einer scheinbar aussichtslosen Lage bin, erinnere ich mich an ihn und bin erstaunt, wie sich mitunter ganz neue Horizonte öffnen.

DOROTHEE LAND

»Aber SCHÖN ist es doch!«

Aus welchem Anlass sagte ich diesen Satz zum ersten Mal? Als wir mit beiden Kindern (der Kleinste im Huckepack) einen Berg erwanderten und am Gipfel die herrliche Aussicht genossen? Als wir in mehreren Etappen mit dem Radl das schöne Deutschland durchstrampelten? Oder anlässlich einer der vielen Renovierungsarbeiten in unserem kleinen Reihenhaus? Ich weiß es nicht! Fest steht aber, dass ich nun seit vielen Jahren kleine und große Alltagserlebnisse fast immer mit diesem Ausspruch kommentiere, manchmal auch leicht abgewandelt mit: »Aber schön war es doch.« Und so sehe ich in meinem Lebensalltag vorrangig das Positive und bin letztlich meist zufrieden, froh und dankbar mit dem Leben und den Menschen.

HERBERT KRAUS, Unterschleißheim

133

» Lassen Sie es sich gut gehen BEIM WEINEN! «

Diese Aufmunterung bekam ich vor einigen Jahren bei einem Aufenthalt in einer psychotherapeutischen Klinik mit dem passenden Namen Heiligenfeld, als ich erstmals in meiner Gruppe zu weinen anfing, es aber unterdrücken und mich schämen wollte. Durch diesen Satz und die unterstützende Haltung der Therapeutin habe ich gelernt, dass es heilsam ist, etwas zu beweinen. Es lohnt sich, dafür die passende (und angenehme) Haltung einzunehmen. Für diese Emotion ist Scham nicht nötig. Weinen (er)löst und stärkt mich durch Betrauern der Vergangenheit für die Zukunft.

MANUELA GNAUCK-STUWE, Hamburg

» Wir WEIGERN UNS, Feinde zu sein. «

Dieser starke Satz ist auf Arabisch, Englisch und Deutsch in einen mittleren Felsblock gemeißelt am Eingang zu »Dahers Weinberg«, einem Friedenscamp »Zelt der Völker«, zehn Kilometer südwestlich von Bethlehem. Dieser Satz ist der Leitspruch des Direktors Daoud Nassar und seiner Großfamilie dieses ökumenischen Friedenscamps, zu dem jährlich mehr als 5000 Menschen pilgern. Die palästinensisch- christliche Familie Nassar antwortet seit mehr als zehn Jahren gewaltlos auf die Schikanen der fünf sie umgebenden israelischen Siedlungen und auf die

Übergriffe des israelischen Militärs. Dreimal haben mein Mann und ich uns von der bedrückenden Situation im Westjordanland und dem inspirierenden Friedenscamp überzeugen können, da wir den Ferienspaß für palästinensische Kinder und Jugendliche mitgestaltet haben.

GISELA PAUL, Ladbergen

»Am ENDE WIRD ALLES GUT, *und wenn es nicht gut wird, ist es noch nicht das Ende.*«

Diesen Satz von Oscar Wilde hörte ich in dem wunderbaren Film: »The best exotic marygold Hotel«. Der Film spielt in Indien, und aus eigener Erfahrung weiß ich, dass die Inder sehr positiv und optimistisch sind, obwohl sie unter sehr viel schlechteren Bedingungen leben als wir Europäer. Sie ruhen in sich, und man hätte gern ein wenig von ihrer Gelassenheit und Zuversicht.

CHRISTEL EWERT, Hamburg

»*Nicht, es muss etwas geschehen, sondern:* ICH MUSS *etwas tun!*«

Dieser Satz stammt von Hans Scholl, Mitglied der Weißen Rose. Solidarisch mit den Flüchtlingen und Asylbewerbern, die unter unserer Kälte und Ablehnung

135

leiden und uns allen so den Spiegel vorhalten, gibt mir das Wort dieses mutigen jungen Mannes in meinem Einsatz Entschlossenheit und Zuversicht. So verstehe ich Jesus und Seine Botschaft: Glauben geschieht im Handeln oder gar nicht. Demokratie übrigens auch. In meinem eigenen Handeln, in meiner Verantwortung.

EVA PETELER, Würzburg

» Je genauer du planst, desto härter TRIFFT DICH der Zufall.«

Strukturieren, Organisieren, Planen. Drei Dinge, die ich in jedem Vorstellungsgespräch sofort als meine Stärken aufgezählt hätte. So war ich, alles musste strukturiert sein, alles geplant. Jeder Tag, das ganze Leben: studieren, reisen, Berufserfahrung sammeln, dann ein Kind. Aber das Kind kam nicht, es hielt sich nicht an meinen Plan. Warum wollte es nicht klappen? Ich war unendlich traurig. Eines Tages kaufte ich einer Freundin einen Gutschein für eine Wellnessmassage. An der Kasse durfte ich aus einem Körbchen ein kleines Los ziehen. »Je genauer du planst, desto härter trifft dich der Zufall« stand darin. Plötzlich wurde mir klar: Man kann nicht alles planen. Wer war ich, dass ich glaubte, ein Baby würde kommen, nur weil es gerade gut passte? Loslassen! Gerade liegt Greta auf ihrer Krabbeldecke und übt drehen. Sie ist sechs Monate alt und mein großes

Glück. Seit sie da ist, kann ich nichts mehr wirklich planen. Der Zufall trifft mich oft…und ich lebe ganz wunderbar damit.

CONSTANZE K., München

> » *Es ist besser, das winzigste Lämpchen zu entzünden, als sich über* **DIE DUNKELHEIT** *zu beklagen.* «

Dieser Satz, der Konfuzius zugeschrieben wird, macht mich stark, wenn andere sagen: »Das bringt doch nichts« oder »Da kann man eh nichts machen.«

S. H., Roßdorf

> » *Gott achtet dich, wenn du arbeitest, aber er liebt dich,* **WENN DU SINGST.** «

Für mich ist dieser Satz von Rabindranath Tagore wichtig geworden. Er steht als Kartenspruch auf meinem Schreibtisch. Ich habe lange Zeit als freiberuflicher Musiker gearbeitet, bevor ich Gefängnisseelsorger und Pfarrer in der Paulusgemeinde in Halle wurde. Gerade in unserer gehetzten Zeit, in der wir in der Gefahr stehen, zu Gefangenen unserer eigenen Terminkalender und Leistungsprinzipien zu werden, erscheint mir der Satz von Tagore wie eine Befreiung, eine Liebeserklärung Gottes an die Menschen,

137

die sich neben ihrer Arbeit für ihn und für die Musik und letztlich damit auch für sich selbst immer wieder Zeit nehmen.

FRIEDHELM KASPARICK, Halle/Saale

» Und **HILFT ER** heute nicht, so hilft er mir doch morgen. «

Meinem Sohn ging es nicht gut und ich machte mir Vorwürfe, dass ich es nicht früher bemerkt hatte. Ich hatte ihn in der Klinik besucht. Es war ein schöner Nachmittag zusammen dort im Innenhof. Aber ich spürte auch, welche Arbeit er noch zu leisten hatte, um seinen Weg zu gehen. Als ich mich von ihm verabschiedet hatte und wieder im Auto saß, war ich unendlich bedrückt. Es war mir alles so schwer. Die Sorge um die Kinder begleitet einen ein Leben lang, egal wie alt sie sind. Ich kann sie nicht vor Schwerem bewahren. Das war mir in diesem Augenblick so sehr bewusst. Gedankenverloren legte ich eine CD ein, die im Auto lag. Plötzlich horchte ich auf, spulte zurück, hörte ganz genau hin. Das war doch genau der Satz, den ich jetzt brauchte: »Und hilft er heute nicht, so hilft er mir doch morgen.« Ohne es zu wissen, hatte ich die Bachkantate »Warum betrübst du dich, mein Herz« eingelegt. Zögerlich, fragend gibt die Melodie im ersten Teil des Satzes die Bedenken wieder und steigt im zweiten Teil dann auf in eine hoffnungsvoll jubilierende Höhe. Das riss mich mit. Eine wahre Sturzflut brach aus mir heraus. Das waren nicht mehr die Tränen der Verzweiflung. Es war die Lösung, die Erlösung für mich: »Und hilft er heute nicht, so hilft er mir doch morgen.« Eine große Ruhe und Zuversicht erfüllte mich seitdem immer wieder. Wenn Sorgen und schwere Zeiten mich bewegen, trägt mich dieser Satz. Es ist für mich keine billige Vertröstung auf ein Morgen, sondern die feste Zuversicht auf Gottes Versprechen: Ich bin mit dir und will dich behüten, wohin du auch gehst.

ERDMUTHE DRUSCHKE, Frankfurt am Main

» Die Veränderung der Einstellung Menschen und Dingen gegenüber verändert DIE MENSCHEN und die Dinge. «

Seit Jahren führe ich ein »Sprüchebuch«, in dem ich Sätze, Slogans und Zitate notiere, die in besonderer Weise zu mir sprechen. Fühle ich mich schwach, angreifbar oder unsicher, hilft ein Blick in dieses Büchlein. Der Satz, den ich hier mitteile, hat eine ganz besondere Bedeutung für mein alltägliches Leben. Er erinnert mich stets daran, in welch großem Maße ich selbst die Person bin, die verantwortlich dafür ist, mit welcher Stimmung und Haltung ich durch mein Leben gehe. Will ich mich über die unfreundliche Dame an der Kasse wirklich ärgern?

139

Will ich dieser Situation tatsächlich so viel Bedeutung beimessen, dass sie eine Auswirkung auf meine Gedanken, meine Laune, meinen Tag hat? Wie gerne würde ich darauf immer mit NEIN antworten! Wenn mir das mal nicht zu gelingen scheint, atme ich tief durch und denke an diese inspirierenden und tröstlichen Worte. Wo ich diesen magischen Spruch zum ersten Mal gelesen habe, weiß ich nicht mehr.

AGNES DEVILLE, Freiburg

» *Ich habe geweint, weil ich* KEINE SCHUHE *hatte, bis ich einen traf, der keine Füße hatte.* «

In einer von Arbeitslosigkeit geprägten Zeit, verbunden mit Ängsten und depressiver Verstimmung, hat mir dieser Spruch von Giacomo Leopardi Hilfe geleistet.

HEIKE RICHTER

» *Wer kämpft, kann verlieren – wer* NICHT KÄMPFT, *hat schon verloren.* «

Mit diesem Satz von Bertolt Brecht mache ich mir und anderen Menschen oft Mut. Meistens zitiere ich ihn, wenn es um soziale Gerechtigkeit, Frieden und Umwelt geht. Er begleitet mich seit den Ostermärschen in den 80er Jahren. Besonders gut kann ich mich in meiner Stadt engagieren, weil es hier viele gibt, die sich aus kirchlichen, parteilichen und sozialen Gruppen zusammengeschlossen haben, um sich für eine gute Sache einzusetzen. Wie zum Beispiel das »Bündnis für Demokratie«, wo sich Menschen treffen, um sich für Toleranz einzusetzen. Das Bündnis entstand, als »pro NRW« gegen eine geplante neue Moschee in unserer Stadt demonstriert hatte. Wir feierten daraufhin ein Fest mit einer Demo. Aus diesem kleinen Fest entstand das Kulturfest »Constellation«. Bei ihm haben sich Generationen und Nationen zusammengetan, um sich gemeinsam zwei Tage lang bei Musik, Theater, Texten und Spielen besser kennenzulernen. Das Fest, das 2012 zum zweiten Mal in unserer Stadt drei Tage dauerte, wurde von allen Generationen gut angenommen. Einer der Höhepunkte war ein Sponsorenlauf für eine Stiftung, 500 Runden waren angedacht – und es kamen 700 zusammen.

RUTH HEPPNER, Herten

» Es geht uns doch EIGENTLICH ganz gut. «

Das war ein geflügeltes Wort unseres Vaters. Ich bin wie meine etwas jüngere Schwester in den Notjahren nach dem Zweiten Weltkrieg aufgewachsen. Später kamen zwei kleine Geschwister hinzu. Diese Worte meines Vaters waren nicht so leicht dahin gesagte, es waren ernste, aber keine Basta-Worte. Sie ließen nämlich Zeit zum Denken – »eigentlich ganz gut«. Denn oft müssen wir uns ja die Frage stellen: Was ist dann wirklich gut? Die Aussage meines Vaters vermittelte mir immer Vertrauen und Sicherheit in meiner Kindheit und einen gewissen Stolz in der Jugendzeit – das war in den Jahren des Wirtschaftswunders. Dann in meinem Erwachsensein mit den Erfolgen, aber auch den Belastungen unseres kleinen Familien-Betriebes, ebenso in guten und schweren Tagen in der Ehe und in der Großfamilie, bei schweren Krankheiten und im menschlichen Miteinander. Mein Vater ist schon lange tot. Aber seine damaligen Worte haben mich, mit noch dem nötigen Gottvertrauen, immer getragen. Sie sind mir auch in den beginnenden Altersbeschwerden noch Halt und Stütze. Zuletzt brauchen wir uns nur noch in unserem Land und auch in der großen Welt umzusehen, dann können (müssen) wir sagen: »Eigentlich geht es uns doch ganz gut.«

PETER-JOSEF BIBO, Eltville/Rheingau

» Darf man AUFHÖREN, gut zu sein? «

Es ist 30 Jahre her. Damals hatte eine Gruppe zufällig zusammengewürfelter »Dritte-Welt«-bewegter Vorderpfälzer Christen einen »Hungermarsch« durchgeführt. Eigentlich wollten sie sich nur beweisen, dass sie fähig waren zu organisieren, was sie in der Rheinpfalz als Teilnehmer erlebt hatten. Etwa 50 000 DM kamen zusammen. Alle waren zufrieden mit sich und wollten wieder auseinandergehen. Noch einen zweiten Hungermarsch? Die Mehrheit schüttelte den Kopf. Bis eine Mitbeteiligte die Frage stellte: »Darf man aufhören, gut zu sein?« Alle, die schon aufgestanden waren, setzten sich wieder und hielten den Atem an. Nein, das darf man doch nicht, sagten sie sich… Inzwischen hat der 30. Hungermarsch stattgefunden. Und der millionste Spenden-Euro ist erbettelt worden. Die damals 40-Jährigen sind inzwischen 70, aber »ihre« Frage haben sie nicht vergessen. Sie kommt ihnen so machtvoll vor, wie die Frage Jesu: »Wer ist dein Nächster?«

HELMUT MEHRER, Brühl (Baden)

» Mach den ersten Schritt im Vertrauen. Du brauchst nicht den ganzen Weg zu sehen. **MACH EINFACH** *den ersten Schritt.«*

Diese Worte von Martin Luther King jr. haben mir sehr geholfen, einen beruflichen Neustart zu wagen. Ich musste die Notwendigkeit für einen Neuanfang begreifen lernen, da mein Körper mir dazu sehr eindringliche Signale gab. Nach 20 Jahren Berufs-»Leben« war der Schritt zur Kündigung sehr schwierig, da ich mich erst anschließend wirklich mit meiner Neuorientierung beschäftigen konnte. Daher lese ich den Spruch immer wieder in Situationen, in denen sich mein Mut gerade wieder verstecken will – und das hilft mir dann weiter!

SYLVIA GEISEL

» Nur das, was ich LOSLASSEN kann, wird auf Dauer bleiben können oder zurückkommen. «

Dieser Satz begleitet mich schon sehr lange und bewahrheitet sich immer wieder. Ich habe vor drei Jahren meinen Sohn verabschiedet. Er hatte sich entschlossen, eine Weltreise zu machen. Für mich war es damals an der Zeit, ihn ganz und gar loszulassen. In der letzten Woche habe ich mit ihm telefoniert und erfahren, dass er Weihnachten nach Hause kommt.

ALMINE EILERS, Wiesmoor

» Alles hat SEINEN PREIS – egal wie ich mich entscheide, es gibt immer eine Kehrseite. «

Ich stehe am Fenster und schaue meinen Jungs entgegen. Sie kommen aus der Schule. Mit schnellem Schritt und wehenden Haaren eilen sie nach Hause. Das Essen ist fertig. Die beiden werfen ihre Ranzen ab, ziehen hastig ihre Jacken aus und stürmen in die Küche. Später sitzen wir zusammen, beide erzählen.

Ich genieße diese Momente und freue mich an meiner Familie. Ich schaffe ein Heim. Meine drei Männer kommen gerne nach Hause und genießen es. Sie erleben Geborgenheit, Wärme. Ich habe Zeit, meine Kinder, zwölf und 15 Jahre alt, sind ausgeglichene, zufriedene Jungs. Ich habe einen Minijob, arbeite sieben Stunden in der Woche im Haushalt. Wir kommen zurecht. Meine Familie ist genügsam und ich kann gut haushalten. Aber manchmal habe ich große Zweifel, ob es noch der richtige Weg ist. Mit Sorge denke ich an die Zukunft. Wie werden wir später leben? Reicht die Rente? Außerdem wünsche ich mir zunehmend mehr Ansprache, sehne mich nach einer anregenden Tätigkeit. Es gibt Tage, da ist der Alltag auch sehr einsam. Mir hilft mein starker Satz.

ELKE Z., Rheinbach

» *Wir* SCHAFFEN *es!*«

Als Mitte September 1961 der Schießbefehl kam auf Flüchtende, die über die Mauer wollten, mussten mein Bruder und ich uns entscheiden. Wir waren uns einig: »Wir schaffen es!« Wir kletterten den Stacheldrahtzaun hoch. Freunde hatten ein Brett über zwei aneinanderliegenden Zäunen gelegt – und wir sprangen in die Freiheit. Unsere Mutter wusste nichts davon. Und das war auch gut so, denn noch am selben Tag fanden die Grenzer das Motorrad

meines Bruders, das entfernt von der Grenze abge-
stellt war, und verhörten meine Mutter, die tatsächlich nichts wusste.

CHR. WOI., München/Berlin

» Wir sind aus solchem Stoff, wie Träume sind, und unser KLEINES LEBEN umgibt ein Schlaf. «

Für mich handelt dieser Satz von Shakespeare von
der Teilhabe des Menschen am großen Weltgewe-
be, Teilhabe nicht allein am Physischen. Traum und
Wahn und Gestaltungswille, und was der Geist sonst
noch für Spielarten hat, ist des Menschen wahrer
Nährboden.

MONIKA BUSCHEY

» Gott ist GANZ GEWISS auch jetzt bei dir. «

Diesen starken Satz sagte mir meine Mutter zum ersten Mal kurz vor meiner Mandel-Operation; ich hatte
damals, als Zehnjährige, unglaublich viel Angst davor. Seither spreche ich ihn mir selbst zu, wenn ich
vor schwierigen Situationen stehe. Er erinnert mich
an den Liedvers von Dietrich Bonhoeffer: »Von guten
Mächten wunderbar geborgen. (...) Gott ist mit uns

am Abend und am Morgen und ganz gewiss an jedem neuen Tag.« Auch das Lied gibt mir immer wieder unendlich viel Trost. Meine Mutter sang es mit ihren Geschwistern am Sterbebett meiner Großmutter. Ich bin mir sicher, dass es ihnen geholfen hatte, die große Traurigkeit zu ertragen.

ANONYM, Friedrichshafen

» *Wer sich heute* FREUEN KANN, *der soll nicht bis morgen warten.* «

Diesen Satz von Pestalozzi erhielt ich von meiner besten Freundin. Er war verpackt in einem selbstgenähten Glückskeks. Meine Freundin ist Ergotherapeutin und näht mit Bewohnern diese schöne Teile. Bis sie mir diesen »Keks« schenkte, wusste ich davon nichts. Umso mehr hat mich dieses Geschenk erfreut. So einfach… So einfach ist das Leben. Ja, es geht um das Heute. Und wenn ich ehrlich bin, gibt es täglich etwas, und sei es auch noch so klein, worüber ich mich freuen kann. Demut und Gelassenheit machen sich bei mir bei diesem Satz breit. Ich, die ihren Blick eher auf das Dunkle im Leben richtet, kann so einen Satz sehr gut gebrauchen. Er richtet mich auf. Meiner Freundin, die mich so gut kennt, danke ich sehr.

ANDREA KÖNIG, Gelsenkirchen

147

ERFAHRUNG

ERFAHRUNG

Erfahrung

Erfahrung

ERFAHRUNG

ERFAHRUNG

ERFAHRUNG
ERFAHRUNG

Erfahrung

*L*ebenserfahrung wird nicht auf lockere Weise gewonnen. Oft sind es die schweren Erlebnisse und Phasen, die uns reicher machen, ja, weiser wohl auch. Heute sollen alle jung sein, dynamisch. Aber ob sie so die Reife haben, auch Krisen zu meistern, sei es in der Politik oder in der Wirtschaft?

Als ich die starken Sätze so vieler Menschen gelesen habe, hat mir manchmal wehgetan, wahrzunehmen, was sie erleben mussten. Das ist ungerecht, dachte ich. Oder: Wie viel Trauer muss da sein, um Erfahrung zu gewinnen? Es scheint, als ob Schmerz Erfahrung verdichtet. Als ob Krisen das Leben vertiefen. Wie schön und auch wichtig ist es, Erfahrung weiterzugeben! Ob wir noch den Raum und die Zeit dazu finden? Wird die Erfahrung der Alten in unserer Gesellschaft des Jugendwahns eigentlich nur noch als lästig angesehen?

Ich selbst denke manchmal, es wäre besser gewesen, mit der Erfahrung von heute die Verpflichtungen von gestern eingegangen zu sein. Aber umdrehen lässt sich die Erfahrungsebene auch nicht, Erfahrung will erlebt werden. Am Ende werden alle ihre Erfahrungen allein machen müssen. Ein Austausch, das Erzählen aber kann stärken; das zeigen die Dialoge, in denen viele der Sätze im folgenden Kapitel entstanden sind.

» Mami, ICH LEB MEIN LEBEN, und ich find das schön! «

Als ich meiner damals zwölfjährigen Tochter ins Gewissen reden wollte, um sie von etwas abzuhalten, sagte sie total überzeugt von ihrem Vorhaben diesen Satz. Er begleitet uns fröhlich bis heute. Sie ist inzwischen 46, glücklich verheiratet, hat einen Sohn und eine Tochter. Immer guter Dinge, ständig Menschen um sich herum, motiviert andere und genießt das Leben – und strahlt das auch aus! Beneidenswert.

INGE HÖLZLER, Wilhelmshaven

» Hast du schon einmal Gott UM HILFE gebeten? «

Mein neuer Chef lud mich zum Essen ein. Er wollte, dass ich einen Kollegen ausspioniere. Mir fiel fast der Löffel aus der Hand, mein Mund stand vor Überraschung offen. »Nein!«, war meine Antwort. Er schloss mich aus dem Berufsleben aus, ich bekam die Informationen oft verspätet, wurde unsicher, hatte weniger Erfolg, schlief nicht mehr, nachts war ich schweißgebadet. Eines Tages verließ ich einfach so das Hotel. Ich konnte nicht mehr. Heute würde man sagen, ich hatte ein Burnout. Meine Mutter nahm das mit, sie sagte diesen Spruch. Glaube hatte bisher in meinem Leben keine große Rolle gespielt, ich fand es nicht fair: Was hatte ich denn bisher für ihn, für Gott getan? Am Abend betete ich mit Tränen in den Augen – und zwei Tage später ging ich wieder zur Arbeit und erfuhr, dass wir einen neuen Chef bekommen würden. Meine letzten Jahre bis zur Pensionierung verliefen zufrieden, ohne Angst. Ich bin meiner Mutter und »Ihm« sehr dankbar.

HARTMUT BRUNS, Oldenburg

> *» Wir können nicht hindern, dass die bösen Vögel* **ÜBER UNS HINWEGFLIEGEN,** *wir können nur hindern, dass sie Nester auf unserm Haupte bauen. «*

In meiner Verwandtschaft gibt es einen affektierten, sehr von sich eingenommenen und schnell eingeschnappten Mann, der jedoch seinerseits kein Blatt vor den Mund nimmt, intrigiert und herabsetzende, verleumderische Reden über andere schwingt. Nachdem ich selbst seiner Überempfindlichkeit unangenehm ausgesetzt war und obendrein erfuhr, dass er über mich herzog, ließ ich die Beziehung zu ihm und seiner Frau abkühlen. Daraufhin wurde ich von diesem Ehepaar und anderen Verwandten darauf angesprochen, warum ich keine Neigung mehr zu Besuchen bei diesen Leuten hatte. Zunächst verwies ich auf die Freiheit, meine Beziehungen selbst zu bestimmen. Als die Fragen zu Anklagen wurden, redete ich Klartext und verwies mit dem oben genannten Luther-Wort darauf hin, wo mich der Schuh drückt. Seitdem werde ich nicht mehr zu den unerwünschten Kontakten gedrängt; wobei ich nicht sicher bin, ob die betroffenen Personen meine Haltung verstehen und akzeptieren. Aber in Ruhe gelassen werde ich schon.

A. P. S.

» Es wird nur so schön, wie man es sich macht. «

Der Satz stammt von meiner Mutter. Sie hat uns Töchter ermutigt, Gestalterinnen zu sein. In allen Lebenslagen: in der Familie und unter Freunden, in der Kirchengemeinde, bei Festen wie Geburtstagen und Weihnachten oder auf Ausflügen und Reisen. Vor allem, wenn meine Erwartungen nicht erfüllt wurden. Ob etwas in meinen Augen schön wird und gelingt, hängt (auch) davon ab, ob ich bereit bin, es dazu zu machen. Es kommt auf die innere Haltung an und auf die Bereitschaft, auf andere Menschen zuzugehen. Und ob ich bei Streit und Knatsch, bei Feten, in denen keine Stimmung aufkommt, oder bei der Reise, bei der alles schiefzugehen droht, genug Gelassenheit, Zuversicht und Kreativität habe, die Lage doch noch zu verändern.

MARIA BARTSCH, Halle (Saale)

> *» Und es kam der Tag, da das Risiko, in der Knospe zu verharren, schmerzlicher wurde, als* **DAS RISIKO** *zu blühen. «*

Den Satz, der vermutlich von Anaïs Nin stammt, habe ich vor einigen Jahren abgeschrieben, weil er mich irgendwie berührt hat. Vor einer Weile las ich ihn wieder und fand, dass er sehr gut meine Entwicklung der letzten Zeit beschreibt. Nach vielen Jahren des Schlechtgehens kamen Erinnerungen aus der Vergangenheit hoch, die sehr schmerzhaft waren, aber deren Verarbeitung allmählich zu einem Blühen geführt hat, von dem ich gar nicht mehr gehofft hatte, es noch erleben zu können.

A. E., Dresden

> *»* **ÜBERALL WO** *man leben kann, kann man gut leben. «*

Ich habe die Tagebücher von Albert Camus, aus denen dieser Satz stammt, entdeckt, als ich nach dem Studium einen Sprachkurs in Siena besuchte. Jeden Morgen, bei einem Kaffee in der Bar, las ich ein paar Seiten, bevor der Kurs begann. Die Stadt war – im Februar – ohne Touristenströme wunderbar authentisch. Ich habe viel an meinen Vater gedacht. Als Familie sind wir in Urlaub gefahren, immer haben meine Mutter und meine Schwester das Land, die

153

Stadt, das Hotel gewählt. Meinem Vater war das jedes Mal egal. Er sagte immer: »Egal wo man ist, man muss immer das Beste daraus machen. Es gibt immer viel zu entdecken. Und dafür ist man selbst verantwortlich.« Damals, als Kind, hatte ich das noch nicht so richtig verstanden. In der Toskana – im Winter 2001 – habe ich plötzlich verstanden, was er meinte. Und es gilt nicht nur für die wenigen Urlaubswochen im Jahr.

DR. JOCHEN VIEHOFF, Paderborn

»Wenn ich erst einmal oben auf dem Berg bin, werde ich auch auf EBENEN FELDERN gehen können.«

Das ist für mich ein rettender Satz, ein Privatsatz. Ich sage ihn mir nicht laut vor, wenn ich das Leben als beschwerlich empfinde. Aber ich vergegenwärtige ihn mir inhaltlich und atmosphärisch. Auf den ersten Blick mag der Satz ein wenig rätselhaft sein, doch letztlich zielt er recht banal in die Richtung gelassener Volksweisheit, die auf vielfältige Weise wissen lässt, dass blutige Erfahrungen langfristig nützlicher sind als ständiges In-Watte-gewickelt-Sein. Das Gehen auf ebenen Feldern ist das Allerschwierigste; davon bin ich tatsächlich überzeugt. Man unterschätzt es.

ARNO GEIGER, Wien

> » *Was wir wissen, ist* **EIN TROPFEN;**
> *was wir nicht wissen, ein Ozean.* «

Ich bekomme diesen verflixten Ozean nicht kleiner. Darum will ich (solange ich denken kann) diesen Tropfen größer machen. Dies treibt mich, um Neues zu lernen und zu erfahren – und neugierig auf die Schöpfung Gottes zu sein.

KLAUS BÄCK, Hamburg

> » **DIE QUALITÄT** *deiner Gedanken*
> *bestimmt die Qualität deines Lebens.* «

»Die Qualität deiner Gedanken…« – da stand es wieder. Schwarz auf Weiß. Der Aufkleber auf dem Bildschirm der Sekretärin ließ mich für einen Moment mein eigentliches Anliegen vergessen, und mein Gruß kam mit kurzer Verzögerung. Wahrscheinlich hat sie sich gewundert. Gerade noch rechtzeitig wurde ich an diesem Morgen an einen Gedanken von Mark Aurel erinnert, der hier, in Zeiten von Qualitätsmanagement, entsprechend umformuliert wurde. Die »Beschaffenheit deiner Gedanken…« – beim Abschied wunderte sich die Sekretärin sicher erneut, denn der Satz hatte es geschafft, meinen Ärger zu zerstreuen und die Dinge gelassen zu sehen. Aber was hatte sich in diesem kurzen Moment verändert? Die Gedanken waren

155

doch weiterhin da. Viele Menschen in meiner Umgebung meinen sowieso, dass die Qualität meines Lebens eher von der Quantität meiner Gedanken bestimmt wird. »Du machst dir zu viele Gedanken!« »Mach dir mal keine Gedanken!« Inzwischen habe ich aufgegeben, darüber nachzudenken. Stattdessen summe ich, wann immer es mir einfällt: »Die Gedanken sind frei…«

RITA FEICK

»Jeder Fortschritt beginnt mit einer Krise.«

Dieser Satz begleitet uns seit 43 Jahren durch unser gemeinsames Leben. Nach ersten Meinungsverschiedenheiten und heftigen Streitereien in jungen Jahren, die uns immer wieder durchwachte Nächte mit Diskussionen, Wut, Verzweiflung und manchmal Tränen gekostet haben, merkten wir nach einiger Zeit, dass dabei doch viel Positives herauskam: Wir hangelten uns von Problemlösung zu Problemlösung oder auch zu der Erkenntnis, dass es für einige Dinge keine (schnelle) Lösung geben konnte. Irgendwann formulierte es mein Mann aus tiefster Überzeugung so: »Jeder Fortschritt beginnt mit einer Krise.« Welch ein hilfreicher Satz, der jede kleine und große Krise in einem hoffnungsvollen Zusammenhang erscheinen ließ. Als ich über diesen Satz intensiver nachdachte, fiel mir auf, dass

das Gute direkt am Anfang steht und das vermeintlich Negative erst am Schluss. Das hat mir den Satz
noch liebenswerter gemacht. Seit langer Zeit brauchen wir ihn nicht mehr so häufig, aber an unsere
Kinder haben wir ihn weitervererbt. Wohl nicht die
schlechteste Mitgift!

SIBYLLE CORDES, Osnabrück

>> *Möge die Straße uns zusammenführen und der Wind in deinem Rücken sein, sanft falle Regen auf deine Felder und warm auf dein Gesicht* **DER SONNENSCHEIN.** *Und bis wir uns wiedersehen, halte Gott dich fest in seiner Hand.* <<

In der letzten Woche war ich als Allgemeinärztin
und Teilnehmerin einer Reise des Deutschen Ärz-
tinnenbundes in Indien. Die Wucht der tiefen Eindrücke von Vitalität der Menschen, Freundlichkeit
und Aufgeschlossenheit überrollte mich. In Agra
besuchten wir das Taj Mahal, was als das Symbol
für ewige Liebe in Indien gilt. So saß ich also in den
Morgenstunden mit Blick auf das im Nebel liegen-
de, verschleierte Taj Mahal und genoss den Augenblick voller Magie, als eine indische Familie kam
und fragte, ob sie mich fotografieren dürfe. Sie legten mir ihren kleinen Sohn, etwa eineinhalb Jahre
alt, in den Arm und fotografierten mich mit dem
Kind. Es war so ein unglaublich intensiver Moment.

Mein Lieblingstext und gleichzeitig ein irisches Reisesegenslied kamen mir dazu in den Sinn: »Möge die Straße uns zusammenführen und der Wind in deinem Rücken sein…« Ich werde dieses Kind wahrscheinlich nie wiedersehen, aber ich hoffe, es wird ihm immer gut gehen.

DR. CAROLA LÄMMEL

» *Eigentlich bin ich* GANZ ANDERS, *nur komme ich so selten dazu.*

Dieser Satz von Ödön von Horváth hat sich mir fest ins Gedächtnis gebrannt. Ich hatte mir, wohl beruflich bedingt, zunehmend eine »Maske« angeeignet, und war nach etlichen Jahren selbst für meine Familie kaum noch erkennbar. Erkenntnisse aus einem Gruppendynamik-Seminar haben mir die Augen geöffnet. Dort habe ich auch diesen Spruch kennengelernt und versuche seitdem, öfter zu mir zu finden und ich selbst zu sein.

RALF KLEINSCHROTH

» HÖR AUF, *an dem Kind zu ziehen!*«

In bürgerlichen Bücherschränken der Nachkriegsgeneration standen oft die Romane von Pearl S. Buck. Als junges Mädchen las ich »Die Frauen des

Hauses Wu«, und daraus ist mir ein Satz im Gedächtnis hängen geblieben, der gelegentlich zur eigenen Ermahnung wieder auftaucht. Frau Wu, eine hochgestellte chinesische Dame, wird dringend zu ihrer Freundin gerufen, weil die in schlimmen Wehen liegt, die Geburt stockt und die Familie ratlos und panisch herumwuselt. Schon die Ankunft der vornehmen Dame bringt ein wenig Hoffnung, und als Erstes befiehlt sie der überforderten Hebamme: »Hör auf, an dem Kind zu ziehen!« Es gelingt ihr dann, die Freundin zu beruhigen und ihr etwas Stärkendes einzuflößen, bis nach einer Atempause der Körper das Kind doch noch freigeben kann. Ein kleines Beispiel von Lebenshilfe durch Literatur – man fühlt sich bedrängt von Anforderungen an sich oder andere und versucht krampfhaft etwas durchzusetzen.

CHRISTA WISSKIRCHEN, Pulheim

»Es gibt NICHTS GUTES, außer man tut es.«

Während meiner aktiven Zeit als Lehrer an der Hauptschule in Bad Iburg hatte ich mir zur Gewohnheit gemacht, zu Beginn eines neuen Schuljahres einen großformatigen Kalender mit Spruchweisheiten im Klassenraum aufzuhängen. Der Spruch »Es gibt nichts Gutes, außer man tut es« von Erich Kästner sollte für die Schüler meiner damaligen

159

neunten Klasse recht bald besondere Bedeutung erlangen. Durch den schrecklichen Fahrradunfall einer Mitschülerin – sie ist seither schwerstbehindert – sahen wir uns urplötzlich vor die Frage gestellt: Was können wir außer Besuche im Krankenhaus tun? Unsere Antwort: Die Aktion »Ein Herz für Mathilda[1]«. In zahlreichen freiwilligen, nachmittags stattfindenden Arbeitsstunden wurden über 400 Glasherzen in der Tiffany-Technik gearbeitet und dann im Umfeld der Schule sowie auf dem Bad Iburger Weihnachtsmarkt verkauft. Den Reinerlös in Höhe von 2000 DM überreichten wir Mathildas Familie im Rahmen einer kleinen Weihnachtsfeier. Stolz auf die erbrachte Leistung und die Genugtuung, den Spruch nach Kästners Vorgaben umgesetzt zu haben, erfüllte sichtbar die Jungen und Mädchen. Und sicherlich werden diese Eindrücke in den Herzen der beteiligten Jugendlichen auch ihre Spuren hinterlassen haben. Übrigens: Noch heute, nach fast zwölf Jahren, finden einige von ihnen den Weg zu »ihrer« Mathilda, auch wenn sie nicht mit ihr sprechen, sondern nur die Hand halten, diese streicheln und mit lieben Worten auf sie einreden können.

PETER W., Bad Iburg

---

1 Name von der Redaktion geändert.

»Es gibt Augenblicke, in denen EINE ROSE wichtiger ist als ein Stück Brot.«

Seit meiner Jugendzeit sammle ich Aphorismen. Inzwischen bin ich 52 Jahre alt. Vor zwölf Jahren habe ich mit diesem Ausspruch Rilkes versucht, meine Ehe mit einem arbeitssüchtigen Ehemann zu retten. Leider hat er nicht verstanden, was ich damit meinte. In unserer schnelllebigen Zeit, auf der Jagd nach noch mehr Geld und Gütern gibt es öfters als gedacht Gelegenheiten, eine solche »Rose« auch im übertragenen Sinn zu verschenken.

HEIDI RIES

»Es gibt KEINE SITUATION im Leben, aus der es nicht immer noch einen Ausweg gibt.«

Diesen Satz mussten wir damals während einer Konfirmandenfreizeit mit unserem Pfarrer jeden Tag nach dem Frühstück im Chor sprechen. Er ist mir immer noch sehr präsent. Damals, mit 14 Jahren, fand ich die Konfirmanden-Freizeit aus ganz »profanen« Gründen aufregend. Weil es das erste Mal war, dass ich eine Woche weg von zu Hause war und alles neu und aufregend war: die Wahl, mit wem man das Zweibettzimmer teilt, das Essen, das so ganz anders war als zu Hause – und die spannende Frage vorher, ob wir an den Abenden vielleicht auch mal tanzen dürften. Der Satz, den wir täglich im Chor sprechen mussten, erschien mir/uns damals nicht so wichtig. Aber später, immer in Krisenzeiten/Krisenmomenten (Kündigung, Operationen…) ist mir (zu meinem eigenen Erstaunen!) der Satz immer eingefallen – und ich höre sogar noch die Betonung, mit der wir ihn gesprochen haben. Ob unser Pfarrer damals wohl geahnt hat, wie lange dieser Satz »nachhallt«?

M. M., München

» *Wie es war,* SO WAR ES GUT. «

Etwa 20 Jahre ist es nun her, dass ich diesen Satz las. Ich brachte unsere damals vierjährige Tochter ins Bett und las ihr wie üblich aus einem dicken Kinderbuch vor, das auf jeder Seite abwechselnd ein Gedicht, ein Suchbild, eine Geschichte, eine Bastelei oder Ähnliches anbot. An besagtem Abend war ein Gedicht dran. Dieses Gedicht, dessen Titel oder Inhalt mir völlig entfallen sind, endete mit dem Satz: »Wie es war, so war es gut.« Ich weiß noch, dass mich dieser Satz damals wie ein Blitz traf. Im Grunde sagt er alles darüber aus, was Leben ausmacht. Er gibt mir die Zuversicht, dass alles, was wir erleben, seinen Sinn hat. Es bringt uns voran und hat als Teil unseres Lebens einen festen Platz darin. Seit diesem denkwürdigen Abend lässt mich dieser Satz nicht mehr los. Unsere Tochter hat kürzlich den Satz »gegoogelt«, um herauszufinden, in welchem Gedicht oder welchem Buch er geschrieben steht. Ergebnis: Die weltgrößte Suchmaschine musste passen. Da stellt sich mir die Frage, woher ich diesen Satz denn habe, wenn er scheinbar noch nie zu Papier gebracht wurde. Oder sollte ich mir das nur eingebildet haben? Fakt ist: Meine Sicht des Lebens hat dieser Satz wesentlich beeinflusst.

HARTWIG H. KÜHNE, Rendsburg

» Die hellen Tage behalte ich, die dunklen gebe ich DEM SCHICKSAL zurück. «

Der Satz von Zsuzsa Bánk begleitet mich noch nicht allzu lange, dafür aber umso intensiver. Wie könnte man prägnanter umschreiben, wie man sein Leben leben kann? Dass das Leben nicht immer ein rosarotes Zuckerschlecken sein kann, ist klar und auch richtig, aber wie schön und beruhigend, wenn es diese Aussicht gibt: einzelnen Tage – je nach Lebenssituation mal mehr, mal weniger – dem Schicksal zurückzugeben? Das hat doch etwas ungeheuer Tröstliches!

BARBARA KRÄMER, Reutlingen

» Der Weg ist DAS ZIEL. «

Wie ich dazu kam: Vor über 20 Jahren habe ich eine Fortbildung zur Selbsterfahrung auf der grie-

163

chischen Insel Kreta mitgemacht. Es war sehr berührend, vor allem innerlich. Und die wesentlichste Aussage, die ich dabei mitnehmen konnte, war dieser Satz: »Der Weg ist das Ziel.« Mir gingen damals ganze »Kronleuchter« auf, was mein bisheriges Leben anbelangte. Meistens war ich auf das Ziel orientiert und habe dabei oft vergessen und übersehen, auf den Weg zu achten. Seitdem bemühe ich mich, weniger ein Ziel anzustreben, sondern den Weg und all das, was auf meinem Weg liegt, zu beachten, zu genießen, mich daran zu freuen. Und das ist meines Erachtens etwas, was in unserer schnelllebigen Zeit, die meist nur noch zielorientiert ist, dringend notwendig wäre.

M. R., Bad Wörishofen

» *Si tacuisses,* PHILOSOPHUS *mansisses.* «

Dieser Satz »Wenn du geschwiegen hättest, wärst du ein Philosoph geblieben« ist ein Sinnspruch nach Boethius, der mich seit meiner frühen Schulzeit begleitet. Er bringt mich immer wieder dazu, erst zu überlegen, bevor ich auf etwas mit Worten reagiere; er regt mich an, meine Impulsivität zu bändigen, verhindert, andere vorschnell falsch zu beurteilen und zugleich zu bedenken, was der andere meint, warum er etwas so macht oder so sagt. Der Satz hilft, andere ernst zu nehmen, andere nicht vorschnell abzustoßen oder gar zu beleidigen. Nur wenn man zunächst einmal zuhört, reflektiert und alles bedenkt, findet man am Ende auch eine gute Lösung.

REINHARD RUSCH, Hartenholm

>> *Alles, was man über das Leben lernen kann, ist in drei Worte zu fassen:* **ES GEHT WEITER.** <<

Dieser Satz steht auf einer Postkarte, die mich jeden Morgen von der Wand am Frühstückstisch anschaut. Und dieser Satz hat mir schon mehr als einmal mit geholfen, schwierige Situationen auszuhalten … Und es stimmt – das Leben geht immer weiter!

SILKE REIMANN, Leipzig

>> *Kaufe nicht,* **WAS DU BRAUCHST,** *sondern was du nicht entbehren kannst!* <<

Dieser Satz, in meiner Familie häufiger als Gedenk-spruch »zelebriert«, war mehr als hilfreich zur Entscheidungsfindung in kritischen Situationen. Mindestens ebenso häufig war er leider auch geeig-net, die Sonne zu verdunkeln und gegebenenfalls Vorfreuden zu nehmen, ein schlechtes Gewissen hervorzubringen. Zurück blieb oftmals dankbare Freude, zeitweilig auch ein wenig Traurigkeit. Um den Spruch in Gänze zu verstehen, ist es aber auch

165

unumgänglich, die wirtschaftliche Situation des Urhebers, meines Ur-Opas, geboren 1842, zu kennen. Mein Urgroßvater hatte mit seiner ersten Ehefrau drei Kinder – das letzte Kind verstarb ein Tag nach dessen Geburt. Mit seiner zweiten Ehefrau hatte er neun Kinder, drei verstarben schon im Alter von 14 Tagen, einem Jahr und vier Jahren. Als kleiner Landwirt und Schrankenwärter besaß er in der Regel zwei Kühe, ein bis zwei Schweine, Ziegen, Hühner, ein paar Bienenvölker, etwas Ackerland, einen Gemüse- und Blumengarten beim Häuschen, einen wunderschönen Traubenstock am Haus. Die Kinder, bis auf einen Jungen, mussten schon früh in fremden Haushalten »in Stellung« tätig werden. Trotz eines harten Lebens wurde mein Urgroßvater 80 Jahre alt, seine Frau – die vier Jahre älter war – überlebte ihn um sieben Jahre.

PETER KAUFFMANN, Ebersbach

» PROBIEREN *geht über studieren.* «

1998 sollte ich im Abibuch mein Lebensmotto benennen. Ich war ein schüchternes, graues Mäuschen, stets angepasst und brav. Aber ich wusste, dass ich unbedingt studieren wollte. Da kam mir ein Gedanke: »Probieren geht über studieren.« Heute nach Studium und Reflexion meiner Kindheit und Herkunftsfamilie staune ich, mit wie viel intuitivem

Wissen ich mir damals diesen Lebensspruch ausgesucht habe. Ein Schlüssel für mein Leben. Probieren – ausprobieren. Als Kind hatte ich Angst gehabt. Ich schaute lieber zu, statt mitzumachen. Ich hatte Angst, dass es gefährlich war, ich Fehler mache und andere lachen. Heute weiß ich: Probieren schafft Freiräume, die Möglichkeit Neues zu entdecken, sich eine Meinung zu bilden. Probieren schließt ein, dass man am Ende auch ablehnen kann. Probieren lässt Raum für Irrtümer, Umwege, Fehler, entlastet so vom Erfolgs- und Leistungsdruck. Dieses Jahr lässt mir besonders viel Raum zum »Probieren«: Ich will in meinem Sabbatjahr das Leben entdecken, vieles ausprobieren, Dinge, die ich mir nicht zugetraut habe: alleine reisen, bei der Heuernte und Weinlese helfen, in verschiedenen Städten leben und… Ich habe noch längst nicht genug probiert.

CHRISTINA WEGNER

» UMWEGE SCHAFFEN *eine bessere Ortskenntnis.* «

Dieser Satz begleitet mich, seit mein Sohn in der schwierigsten Phase seiner Pubertät war. Er verwarf seine Schullaufbahn, fing mit schwierigen anderen Jugendlichen an zu kiffen und war zu keinerlei Einsicht bereit. In dieser Zeit sagte mir eine Kollegin diesen Satz – und er begleitet mich noch heute, wenn ich über den Weg meines Sohnes nachdenke. Er half mir immer, an meinen Sohn zu glauben und die Hoffnung nicht aufzugeben. Nach harten Auseinandersetzungen änderte er seinen Weg, machte eine erfolgreiche Karriere als Thaiboxer, verbrachte bereits ein Jahr in Thailand, um dann seinem Leben eine neue Richtung zu geben. Er absolvierte vor Kurzem seinen American High School-Abschluss und hat nun einen Studienplatz in Bangkok gefunden, weil dort sein Abschluss anerkannt wird. Mit seinen heute 20 Jahren ist er ein reifer junger Mann, der mutig sein Leben in die Hand nimmt.

ANGELIKA RADIG

»Nicht wir machen die Erfahrungen – DIE ERFAHRUNGEN machen uns!«

In meinem Leben gab es bisher einige Erfahrungen, die ich machen »durfte«. Im ersten Moment sah es nicht immer so aus, als wäre die jeweilige Situation etwas, was man sich dringend herbeisehnen sollte. Ich wäre aber auch nicht die, die ich bin, wenn in meinem Leben alles aus Watte und Weichspüler bestanden hätte. Und das ist ja bei jedem so. Nett ist dann, wenn man irgendwie immer noch glauben kann an die Tragkraft desjenigen, der uns alle auffängt. Konnte ich – bin sehr dankbar dafür.

MONI NIESSING, Emsdetten

» GELIEBT WIRST DU EINZIG,
wo du schwach dich zeigen darfst,
ohne Stärke zu provozieren. «

Dieser Satz von Theodor W. Adorno begleitet mich seit einer schweren Krankheit vor einigen Jahren. Diagnose Krebs. Bestrahlung, Chemotherapie, Reha, Kontrolluntersuchungen. Es war eine harte Zeit, die im Rückblick – trotz aller Schmerzen, Angst, Ungewissheit und Leid – eine heilsame und lehrreiche war. Denn ich lernte, mich schwach zu zeigen. Zuvor zeigte ich ausschließlich meine starke, meine unnahbare Seite. Ich ließ keine Schwäche zu. Vielleicht war es aber auch die Angst, verletzt zu werden? Mit Adornos Satz habe ich während meiner Krankheit gelernt, zu meinen Schwächen zu stehen, sie zuzulassen – und nicht mehr zu schauspielern. Welch wunderbare Erfahrung! Wie viele Freunde und Bekannte – eine Familie habe ich leider nicht mehr – sind mir seitdem nähergekommen, haben sich ebenfalls geöffnet und mir ihre Schwächen gezeigt. Mich so zu geben, wie ich bin, macht eine authentische Begegnung mit meinem Gegenüber erst möglich. Für diese Erfahrung bin ich dankbar. Sie erinnert mich auch an Worte von Fritz Perls: »Ich bin ich und du bist du. Ich lebe mein Leben, und du lebst dein Leben. Ich bin nicht auf dieser Welt, um deine Erwartungen zu erfüllen, und du bist nicht auf dieser Welt, um meine Erwar-

169

tungen zu füllen. Wenn wir uns zufällig treffen und finden, dann ist das schön, wenn nicht, können wir es nicht ändern.«

ANONYM

»Rede nur dann, wenn du gefragt wirst, aber lebe so, DASS DU GEFRAGT wirst.«

Dieser Satz ist mir wichtig geworden nach schlechten Erfahrungen mit allzu missionarisch auftretenden Menschen, die mir und anderen den Glauben absprechen wollten, weil wir in einer christlichen Familie oder Gemeinschaft aufgewachsen waren und kein persönliches Bekehrungserlebnis vorzuweisen hatten, das uns ad hoc zu einem vollkommenen Christen gemacht hatte. Was aber soll denn falsch daran sein, von Kind an im Vertrauen auf Gott heranzuwachsen und nach und nach eigene stärkende Erfahrungen zu machen? Ich selbst konnte jedenfalls schon mehrfach erleben, dass ich angesprochen und gefragt wurde, warum ich dies oder jenes anders mache, was denn die Quelle meiner Gelassenheit oder meines Grundvertrauens sei … Zeugnis geben mit dem Leben. Nicht missionarisch oder aggressiv, aber bereit, Rede und Antwort zu stehen, wenn jemand merkt, dass ich irgendeine geheime Kraftquelle habe.

KATRIN LANGERFELD, Berlin

> *»Und hätte ich alle Erkenntnis und wüsste ich **ALLE GEHEIMNISSE,** aber hätte die Liebe nicht, so wäre ich nichts!«*

Gegen den Willen des Vaters meines Mannes haben wir 1990 geheiratet und unsere zwei Kinder »aufgezogen«. Es war oft eine schwierige Situation in der Familie, er hat uns bis heute nicht verziehen, kennt seine Enkel nicht, doch wir leben in der Kraft der Liebe noch immer glücklich. Nun heiratet in unserer Familie so nach und nach die nächste Generation, ihnen gebe ich mit auf den Weg, dass sie sich immer wieder daran erinnern sollen, warum genau dieser Mensch im Bett neben ihnen liegt. Die Liebe macht stark, auch gegen die Widrigkeiten des Lebens. Dieser Satz aus dem Hohelied der Liebe macht mich stark.

ANONYM

QUELLEN-
nachweise

QUELLENNACHWEISE

Quellen-

-NACHWEISE

QUELLEN-

Quellennachweise

QUELLEN-

nachweise

Bis auf wenige Bibelworte, bei denen eine bestimmte Übersetzung gewünscht wurde, sind alle zitiert nach: Lutherbibel, revidierter Text 1984, durchgesehene Ausgabe in neuer Rechtschreibung, Stuttgart: Deutsche Bibelgesellschaft, 1999 © Deutsche Bibelgesellschaft, Stuttgart

36 *»Es ist normal, verschieden zu sein.«* Zitate von Richard von Weizsäcker aus seiner Rede zur Eröffnung der Jahrestagung der Bundesarbeitsgemeinschaft Hilfe für Behinderte am 1. Juli 1993

46 *»Die Hoffnungslosigkeit ist schon die vorweggenommene Niederlage.«* Zitat von Karl Jaspers (1883–1969). Abdruck mit freundlicher Genehmigung des Piper Verlags

48 *»Wenn wir zu hoffen aufhören, kommt, was wir fürchten, bestimmt.«* Zitat von Christa Wolf (1929–2011) in: Christa Wolf, Kein Ort. Nirgends. © Suhrkamp Verlag Frankfurt am Main 2007. Alle Rechte bei und vorbehalten durch Suhrkamp Verlag Berlin

59 *»Man muss sich beschäftigen, während man auf den Tod wartet.«* Zitat von Håkan Nesser, übersetzt von Christel Hildebrandt, aus dem Band »Und Piccadilly Circus liegt nicht in Kumla«, btb Verlag 2005. Mit freundlicher Genehmigung der Übersetzerin und des Autors

61 *»…und denken Sie zur Abwechslung einmal selbst nach!«* Zitat aus dem Hörspiel »Vom dicken Herrn Bell, der das Telefon er-

funden hat« von Thomas Brasch (1945–2001), Regie: Horst Hawemann DSB / Litera 1973

61 *»Man muss nur an den nächsten Schritt denken, an den nächsten Atemzug (…). Dann macht es Freude; das ist wichtig.«* Aus: Michael Ende: »Momo« © by Thienemann Verlag, Stuttgart/ Wien. www.thienemann.de

62 *»Alles richtig machen zu wollen, ist bestimmt falsch.«* Aus: Werner Sprenger, Durch fremden Mund satt werden? Nie-Nie-Sagen-Verlag Konstanz, 1989 © Helga Sprenger

63 *»Was du sagst, verweht im Wind. Nur was du tust, schlägt Wurzeln.«* Zitat von Karl Heinrich Waggerl (1897–1973) in: Karl Heinrich Waggerl: Sämtliche Werke © Otto Müller Verlag, Salzburg 1970

66 *»Mußt di nich argern, hett keenen Wert. Mußt di blot wunnern, wat all passert. Mußt jummer denken, de Lüd sind nich klock, jeder hett Grapen, du hest se ok.«* Übersetzt bedeutet es etwa: »Musst dich nicht ärgern, hat keinen Wert. Musst dich bloß wundern, was alles passiert. Musst immer denken, die Leute sind nicht klug, jeder hat Macken, du hast sie auch.«

74 *»Na warte!«* Loriot verabschiedete sich von Evelyn Hamann in der Sendung Beckmann am 24. Oktober 2007 mit den zitierten und auf »Na warte!« endenden Worten. Zitat von Loriot. Copyright © Diogenes Verlag AG, Zürich

173

81 *»Die Wahrheit ist dem Menschen zumutbar.«* Zitat von Ingeborg Bachmann (1926–1973) in: Ingeborg Bachmann: Werke, Bd. 4. Essays, Reden, Vermischte Schriften. © 1978 Piper Verlag GmbH, München

82 *»Alles wirkliche Leben ist Begegnung!«* Zitat von Martin Buber (1878–1965).

84 *»Wer vermag, über seinen eigenen Schatten zu springen, steht mit einem Male im Lichte!«* Zitat des Liederdichters und Poeten Rolf Germannn, aus seinem Gedichtband »Was ich in meinem Herzen trage«, 2010. www.rolfgermann.de

95 *»Das stört doch keinen großen Geist.«* Zitat aus »Karlsson vom Dach« von Astrid Lindgren (1907–2002) © Friedrich Oetinger Verlag, Hamburg

99 *»Leben ist Zeichnen ohne Radiergummi.«* Möglicherweise stammt das Zitat von Oskar Kokoschka (1886–1980). Es konnte bisher nicht verifiziert werden.

102 *»Wo kämen wir hin, wenn alle sagten, wo kämen wir hin, und niemand ginge, um einmal zu schauen, wohin man käme, wenn man ginge.«* Gedicht von Kurt Marti (*1921) in: Kurt Marti: Namenszug mit Mond. © 1996 Nagel & Kimche im Karl Hanser Verlag München

102 *»Nicht müde werden / sondern dem Wunder leise / wie einem Vogel / die Hand hinhalten«* Gedicht von Hilde Domin (1909–2006) , Nicht müde werden. Aus: Hilde Domin, Sämtliche Gedichte. © S. Fischer Verlag GmbH, Frankfurt am Main 2009

105 *»Ich bin Leben, das leben will, inmitten von Leben, das leben will.«* Zitat von Albert Schweitzer (1975–1965) aus »Das Christentum und die Weltreligionen«, S. 86. Verlag C. H. Beck, München. Mit freundlicher Genehmigung der Enkelin Albert Schweitzers Catherine Eckert.

113 *»Es ist keine Schande hinzufallen, aber es ist eine Schande, einfach liegen zu bleiben«* Zitat von Theodor Heuss (1884–1963). Mit freundlicher Genehmigung von Dr. Ludwig Theodor Heuss.

117 *»Eine Gabe ist eine Aufgabe.«* Dieser Satz war prägend für Leben und Werk von Käthe Kollwitz. Er stammt von ihrem Großvater Julius Rupp, Gründer der freireligiösen Gemeinde in Königsberg.

122 *»Mach die Augen zu und spring.«* Gleichnamiger Titel der Kurzgeschichte von Klaus Kordon. Mit freundlicher Genehmigung des Autors. www.kordon.de

123 *»Tue nicht das Bestmögliche, sondern tue das Mögliche am besten.«* © Hans-Jürgen Quadbeck-

Seeger, www.quadbeck-seeger. deckert. Mit freundlicher Genehmigung des Autors.

134 *»Wir weigern uns, Feinde zu sein.«* Zitat von Daoud Nassar, dem Direktor des Friedenscamps »Zelt der Völker«. www.tentofnations. org; www.zeltdervoelker.ch

158 *»Hör auf, an dem Kind zu ziehen!«* Pearl S. Buck, die Frauen des Hauses Wu. © 1946 by Pearl S. Buck. Copyright renewed © 1974 by Janice C. Walsh, Richard S. Walsh, John S. Walsh, Henrietta S. Welsh, Mrs. Chieko Singer, Edgar S. Walsh, Mrs. Jean C. Lippincott and Carol Buck. Aus dem Amerikanischen von Justinian Frisch. © 1948 Bermann Fischer Verlag, Stockholm. Alle Rechte vorbehalten S. Fischer Verlag GmbH, Frankfurt am Main

159 *»Es gibt nichts Gutes, außer man tut es.«* Zitat von Erich Kästner (1899–1974) © Atrium Verlag, Zürich und Thomas Kästner

163 *»Die hellen Tag behalte ich, die dunklen gebe ich dem Schicksal zurück.«* Zitat von Zsuzsa Bánk aus: Zsuzsa Bánk: »Die hellen Tage«, S. Fischer Verlag GmbH, Frankfurt am Main. Mit freundlicher Genehmigung der Autorin.

169 *»Geliebt wirst du einzig, wo du schwach dich zeigen darfst, ohne Stärke zu provozieren.«* Zitat von Theodor W. Adorno (1903–1969) in: Theodor W. Adorno, Minima Moralia. Reflexionen aus dem beschädigten Leben. © Suhrkamp Verlag Frankfurt am Main 1951. Alle Rechte bei und vorbehalten durch Suhrkamp Verlag Berlin

Bibliografische Information der Deutschen Nationalbibliothek.
Die Deutsche Nationalbibliothek verzeichnet diese Publikation
in der Deutschen Nationalbibliografie; detaillierte bibliografische
Daten sind im Internet über http://dnb.d-nb.de abrufbar.

HERAUSGEBERIN Margot Käßmann (EKD)

REDAKTION Constanze Grimm

GESTALTUNG Kristin Kamprad,
　　　　　　　　　Hansisches Druck- und Verlagshaus GmbH

DRUCK UND BINDUNG GRASPO CZ a. s. Zlín

© Foto Margot Käßmann: Andreas Schölzel/epd-bild

4. Auflage
© Hansisches Druck- und Verlagshaus GmbH, Frankfurt am Main 2013

　　ISBN 978-3-86921-120-6